PATERNAL LOVE IS LIKE ORCHID

父爱如兰

两位湾区“三农”女干部的“魔力日记”

唐　莹

梁超文

李金玺

编　著

南方日报出版社

NANFANG DAILY PRESS

中国·广州

图书在版编目（CIP）数据

父爱如兰：两位湾区“三农”女干部的“魔力日记” / 唐莹，梁超文，李金玺编著. — 广州：南方日报出版社，2022.12

ISBN 978-7-5491-2639-2

Ⅰ. ①父… Ⅱ. ①唐… ②梁… ③李… Ⅲ. ①农产品市场—市场体系建设—研究—广东 Ⅳ. ①F323.7

中国版本图书馆CIP数据核字(2022)第231945号

FUAI RU LAN

父爱如兰：两位湾区“三农”女干部的“魔力日记”

著　　者：唐　莹　梁超文　李金玺
出版发行：南方日报出版社
地　　址：广州市广州大道中289号
出 版 人：周山丹
责任编辑：刘志一　郭海珊
装帧设计：肖晓文
责任校对：朱晓娟
责任技编：王　兰
经　　销：全国新华书店
印　　刷：广州市新怡印务股份有限公司
开　　本：787mm×1092mm　1/16
印　　张：13.5
字　　数：185千字
版　　次：2022年12月第1版
印　　次：2022年12月第1次印刷
定　　价：48.00元

投稿热线：（020）87360640　读者热线：（020）87363865

编委会

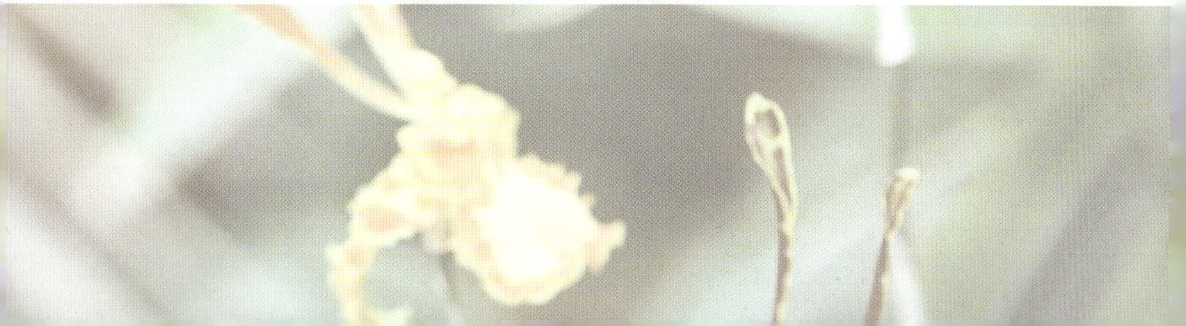

父兰（齐天大圣）

目录

梁超文日记 / 104

卷 首

为农产品创造文化价值，让农业飞起来

刘 俏

四会兰花“出圈”是我今年关注到的乡村振兴当中特别鲜活的案例。《父爱如兰》一书真实记录了广东把兰花打造成为父亲节节礼，带领花农在新冠肺炎疫情期间创新营销形态，在本是淡季的6月把兰花滞销变热卖，带动花农增收致富的故事。时任四会市委副书记唐莹、广东兰花“12221”市场工作组组长梁超文的工作日记，以农业干部“我为花农卖兰花”为主线，详实记录了这个过程。

我国经济在过去40年高歌猛进，取得了令人瞩目的成绩，但也面临着收入分配不平等、财富不平等和机会不平等问题，还有很大提升的空间。党的二十大报告将“实现全体人民共同富裕”纳入中国式现代化的本质要求，这为我们理解共同富裕在推进中国式现代化进程全局中的地位与作用，理解国家乡村振兴战略的出发点与落脚点提供了依据。

从中国的国情出发，扩大内需是实现共同富裕的政策选择。一方面把积极的财政政策作为可能的政策选项，增加对农业、农村和农业人口的投入；另一方面大力提升第一产业的全要素生产率水平，全面推进农业工业化。在过去的40年，中国经济成功的一个重要的特点，就是市场与政府的紧密结合，聚焦节点领域、解决节点问题，从而实现比较高速的全要素生产率增长。

在微观实践层面，广东四会兰花的案例提供了一个从小切口入手，政府支持，市场主导，文化赋能，数字助农，扩大内需，推动特色产业

品牌化、标准化，一揽子促进乡村产业振兴的典型案例。特别值得一提的是，文化的挖掘为农产品提供了价值增量的创新做法。深挖兰花文化底蕴与价值内涵，借势父亲节打造四会兰花超级IP，形成“父亲节送四会兰花”的情感共鸣，激活潜在的、沉默的消费市场，拉动兰花量价齐升，为农民带来经济价值。

农业与文化的创新融合，是四会兰花的一大亮点。党的二十大报告指出，要实现中华优秀传统文化的创造性转化、创新性发展。“父爱如兰”理念的提出，兰花与父爱的和谐相融，兰寓深情，通古今引和鸣，立足兰花品性、崇尚父爱的寓意深入人心。“父亲节就用兰花表达爱”的理念，经过媒体广泛传播，“中国式浪漫”传递到了海内外。

在这个张扬个性、求真求美的时代，广东四会以“父爱如兰”营造大众的体验和认同，让创意彰显人性，各美其美，直击心灵。从精神价值看，“父爱如兰”的主张对于增强文化自信，围绕举旗帜、聚民心、育新人、兴文化、展形象，建设社会主义文化强国具有积极意义。

目前，有两个重叠度很高的群体，将成为未来中国消费的主体：一是数量庞大约4.2亿的农业转移人口；二是同样规模庞大的1990年以后出生的群体，包括“90后”“00后”“10后”“20后”，这6亿“90以后”逐渐掌握市场“话语权”。满足这两大消费人群的需求，是中国消费的未来，也将给现代农业发展带来启发。标准化生产，数字化营销，品牌化推广，传统农业向现代农业高质量发展迈进，四会兰花的探索无疑具有先行先试的示范性。

综上所述，广东兰花“12221”市场体系建设，是在政府主导下，强化品牌赋能、文化赋能，促进乡村产业兴旺，全面推进乡村振兴的有效实践。这一来自基层的生动实践，提供了疫情防控和经济发展同抓同举的可行模式，体现了乡村产业振兴解决经管理论和实践问题的积极作为与有益探索。

（作者为北京大学光华管理学院院长，金融系教授、博导）

融通市场与政府的力量，让农民富起来

刘尚希

没有创新，就没有高质量的发展。品牌创新是商业创新的重要内容之一。与技术创新一样，品牌创新也需要时间，需要耐心，需要战略，需要策略。消费者认可品牌，更是一个社会性的互动过程，如果没有打造品牌的意识与行动，那么就算产品的质量不错，可能附加值也提高不了，在这种情况下，产业的竞争力也难以提升。多年前，我就认为要大力发展“三品”农业，即品种、品质、品牌。品牌，是提高市场份额，提升农产品附加值，实现农村就业、农民增收的关键一招。对一个地区来说，打响当地特色农产品的品牌，能有效地驱动相关产业链，创造经济价值和就业机会。广东四会创新“父亲节送兰花”这一节庆消费新理念，与消费者进行深度情绪互动对接，打造出了一个农产品品牌创新的典范。如今，兰花已成为广东四会的一张亮丽名片，这是因由于广东省、市、县几级农业部门牵头，打造父亲节专属之花，文化赋能农产品品牌，抓住机会做大节庆经济，才取得令人民群众满意的经济成效。

党的二十大报告指出，充分发挥市场在资源配置中的决定性作用，更好发挥政府的作用。所以，在中国经济发展中，政府和市场的关系不是对立的，是互补的有机整体，这超出了流行经济学对政府与市场关系的理解和认识。政府只有秉持这种“和而不同”理念，顺势而为，才能有利于发挥市场机制的决定性作用。“原子化”、自组织能力弱的农民很难打造商业化的农业品牌，这导致好东西卖不出好价钱，因此，接地气且真心为民的政府就成为枢纽。

广东四会兰花“12221”市场体系建设融汇市场与政府的力量，使参与主体各方的主动性和积极性得到充分发挥，并形成合力。从它所取得成果可以看出，市场的决定性作用和政府更好发挥作用，它们是相互依存的良性互动关系，政府发挥了当前小散弱的农业市场主体所起不到的作用。

党的二十大报告指出，中国式现代化是人口规模巨大的现代化，是全体人民共同富裕的现代化，是物质文明和精神文明相协调的现代化。中国式现代化是以人为核心的现代化，在巨大的人口规模中，农民的现代化是关键。在推动全体人民共同富裕的新阶段，促进农民增收，推动农民共享发展成果，是全体人民共同富裕的关键。共同富裕有两层含义：一是共同，讲的是大家都有份，就是发展成果由大家共享，有差别，但差距不能太大；二是富裕，就是发展应该追求效率，没有发展，蛋糕不做大，哪来富裕？停滞的情况下，就没有富裕可言。从这个意义上说，共同富裕不只是公平问题、分蛋糕问题，也是效率问题，是怎样共同把蛋糕做大的问题，在不断提高效率和发展质量的过程中实现共同富裕。

将共同富裕置于社会生产过程中，把生产、分配、交换和消费当作一个整体来研究，产业、市场、科技、文化的“四张牌”要一起打，市场和政府双向发力，人人参与，人人努力，人人共享。特别要强调的是，乡村振兴的关键在于人才振兴，从四会兰花的实践中看出，当地正大力培养新农人，传递新理念，开展数字化，突出人才在全面推进乡村振兴中的主体性和创造性。说到底，共同富裕的实质是人的发展，是所有人的共同发展。

总之，“父爱如兰”这个创意的策划、推广和落地见效，见证了花农对逐步实现产业增效、产品增值、农民增收所带来的欣喜，具有研究价值与借鉴价值。

（作者为中国财政科学研究院党委书记、院长）

“五字诀”打造“中国父兰之乡”

李伟忠

欣闻“父爱如兰”活动在开展小结提升工作，专班成员所感所思成文结集，不禁让我想起了与大家一起奋战在兰花“12221”市场体系建设一线的往事，那些激情燃烧的日子，历历场景，思绪涌起，提笔作序。

四会兰花起于台湾同胞归乡创业引进，也是广东兰花产业化的源头，经过20多年发展，四会已经成为粤港澳大湾区最大的兰花产业基地。近年受新冠肺炎疫情影响，兰花在花卉专业市场等传统渠道的销售也受到相当程度的冲击。面对困局，在省农业农村厅、肇庆市的大力支持和悉心指导下，四会深入贯彻落实省党代会精神，认真打好兰花产业、市场、科技、文化“四张牌”，率先在全省开启“父亲节送四会兰花”推介活动，为推进乡村全面振兴注入了崭新的“兰花力量”。回顾50多天的“战斗”历程，四会打造了“父爱如兰”大IP并一举出圈，成功将夏季这一兰花营销淡季变成热销旺季，取得了兰花产业增效、产品增值、花农增收的良好成效。很多同志问到其中有什么诀窍？梳理下来，我认为主要有五个方面的合力，可以称之为四会兰花发展“五字诀”：

一是“领”字诀，党政引领发挥“有形的手”作用。广东省、肇庆市高度重视四会兰花产业发展，省厅领导提出“父爱如兰”这个“金点子”后，四会马上成立了高规格的领导小组，坚持天天有动作，招招有实效，举全市之力推动兰花产业高质量发展。

二是“拓”字诀，市场挺前发挥“无形的手”作用。全面拓宽销售渠道，线上开发了在淘宝、拼多多、抖音等上的各大优质网销平台，并借助四会玉器直播行业经验和渠道，开启花卉直播销售新时代；线下则成功与大型商企签约，四会兰花走进大湾区各大市场和超市。

三是“赋”字诀，文化赋能创造兰花新价值。四会通过“父爱如兰”这个独具创意的活动，将兰花赋予了“父爱”这一全新的文化内涵、情感价值，全力将四会兰花打造成为“父亲节专属之花”，将四会打造成为“中国父兰之乡”，是“文化创意搭台、现代农业唱戏”的一项有益创新探索，有力推动了以兰花为主题的第一、二、三产业融合发展。

四是“广”字诀，全媒介全方位的推广攻势。通过与新华网、南方农村报等媒体联动，进行全媒体宣传推广，四会兰花在广州“小蛮腰”亮灯、纽约时代广场亮屏，并举办了四会兰花系统标识和产业宣传片发布会，以及兰花与父爱结合的“剧本控”、征文、微电影、云上音乐会等系列活动，推出父亲节专属之花——“齐天大圣”，创作首支兰花父亲节专属之花主题曲《父爱如兰》等等，使得四会兰花“一朝成名天下识”。集中推广期四会兰花销售额超1.2亿元，同比增长6倍；与去年同期比较，个体种植兰农实现了收入增长近10倍。为父亲节精心设计的限量版礼盒更是受到广泛关注，消费者纷纷抢购，节前一周销售超5000单礼盒装，销售额超100万元，兰花价格“探高”尝试成效明显。在此过程中，唐莹同志带领全体专班成员，连同省兰花专责小组的梁超文同志等，日以继夜会商、协调、推动、落实，为促进四会兰花产业高质量发展付出了大量的心血，广大花农和我都为此深深地感动。

五是“鉴”字诀，兰花活动经验起到了很好的借鉴转化作用。我们深入思考了“父爱如兰”所创造的经验和价值，主要包括：因兰花秉性刚强、祥和可亲的气质，与伟大深沉的父爱相契合，把兰花打造成父亲节礼物的标配性、仪式性产品，赋予四会兰花文化符号；兰花销售由过去的年宵花变成全年均可销售，开拓了花卉销售新周期；为受疫情冲击的花卉产业找到了一条增收道路，真正让花农心里乐开花，对稳定经济盘子有重要意义；等等。以兰花产业发展的成功经验为依托，我们积极探索砂糖橘、三角梅、高值水产等一系列特色农业产业“12221”发展新模式，越来越多的四会农产品“出圈”爆火，这也是“父爱如兰”活动为现代农业发展新模式探路这一更深层次的价值所在。

展望未来，路向已明晰，路已在脚下。接下来，四会将继续“仰望星空，脚踏实地”，对标荷兰郁金香等特色花卉发展历程，推动四会兰花全产业链的全方位提升，不断加强兰花产业人才队伍建设，着力培养更多种植、销售、直播人才；加强兰文化守正创新，推进“中国父兰之乡”建设，讲好四会兰花故事；加强兰花产业链延伸建设，促进兰花三产融合发展；加强兰花发展软硬环境建设，打造省级乃至国家级花卉产业园。通过努力，让四会兰花走向世界，走进千家万户。在此，亦借本书出版的机会，衷心感谢多年来关心、支持四会兰花和四会经济社会各项事业发展的各级领导和社会各界朋友，祝愿四会和四会兰花的明天更加美好，期待朋友们到古邑四会——美丽的“中国父兰之乡”再相聚！

（作者为中共肇庆四会市委书记）

壬寅父兰诞生记

李金玺

一节催开“双生花”，父亲收礼花，花农乐开花。

——题记

古邑四会，千年名城，隶属国家历史文化名城肇庆市，地处广东中部，西江、北江、绥江、龙江，四水相会，浩浩汤汤，故得名“四会”。

四会人杰地灵，原北洋海军提督都司吴应科、民国时期矿业工程师吴仰曾、中国农工民主党创建者之一彭泽民、近代杰出书法篆刻家吴子复、奥运冠军冼东妹均出于斯。

四会物阜民康，砂糖橘、贡柑、蜜橘、人面子、水产品颇负盛名。此地美玉加工甚兴，他乡之玉，在此成器，翡翠加工，桂榜第一。

四会气候温润，二十余载造就种兰宝地，惜无名之朴，幽兰独芳。

绥江两岸，风光旖旎，万亩兰圃，郁郁葱葱，葳蕤生香，蓄势待发。

壬寅年夏，多方联手，机缘巧合，花事绽放。

50天，四会兰花，幸得芳名，其曰“父兰”。父爱如兰，兰赠父亲。草木寄情，古今佳话。

50天，四会兰花，以爱之名，巨量传播。手执兰花，感念父爱。四海之内，蔚然成风。

50天，四会兰花，诗词歌赋，名人代言。唱响心曲，不止颂扬。花事商事，产业兴旺。

50天，四会兰花，花开蝶舞，余韵未尽。文化生辉，意蕴流传。乡村振兴，谱写新章。

芝兰玉树，济济山野。

栽一盆，盈香满室，为雅事；植一片，富民一方，为农事。

政府牵头，媒体入局，企业参与，干群合力，为兰为农，用情用心，花路灿灿。

正可谓，一节催开“双生花”，父亲收礼花，花农乐开花。

凡是过往，皆为序章，父兰“出圈”，作如是观。

（作者为南方农村报品牌与数字农业事业部副总监）

The Birth of Paternal Orchid in 2022

Li Jinxi

Epigraph

A great gathering brings forth double happiness, offering orchids gifts to fathers and bringing joy to the flower growers.

Located at the heart of Guangdong Province, Sihui is a famous county-level city of thousands of years. Subordinated to Zhaoqing, a national historical and cultural city, the city was named Sihui (literally means four rivers meet here) because it is a place at the confluence of four vast rivers, the West River, North River, Suijiang River and Lonjiang River[1].

Sihui is a remarkable place producing talented and outstanding people, including Wu Yingke (the former commander-in-chief of the Beiyang Fleet), Wu Yangzeng (a mining engineer in Republic of China), Peng Zemin (a founder of the Chinese Peasants and Workers Democratic Party) , Wu Zifu (a distinguished modern calligrapher and seal carver), and Xian Dongmei (an Olympic champion).

In Sihui, goods overflow and the people are happy. Sugar oranges, tribute oranges, mandarin oranges, dracontomelon trees and aquatic products in Sihui are of high reputation. Besides, jade processing industry is thriving. Precious stones from elsewhere are sent to become jade articles in Sihui where the processing technics of jadeite ranks first. Also, the warm and moist climate helps Sihui become a treasure land for planting orchids over the past two decades. The Sihui orchids, with delicate fragrance, embody an esthetic taste of plain and profound.

On both sides of Suijiang River, the scenery is picturesque. Ten thousand mu[2] orchid gardens are lush and luxuriant, with flowers ready for blooming.

---

[1] The four rivers are all tributaries of the Pearl River.

[2] One mu is about 666.67 square meters.

In the summer of the Renyin Year[1], many parties joined hands to hold a 50-day grand gathering in the city, making plans for the development of the flower industry.

In 50 days, Sihui Orchid was lucky to get its new name as Paternal Orchid. Paternal love is just like orchid, profound and silent. We now present the orchid as a gift on Father's Day since plants can express more, making it a much-told tale.

In 50 days, Sihui Orchid has become a huge hit in the name of love. We could express gratitude to our father by sending them orchids as gifts, which has become a common practice all over the land.

In 50 days, Sihui Orchid was endorsed by celebrities through poems and songs. Orchid-themed songs and praises have been all around. Orchid trade has made the flower industry prosperous.

In 50 days, Sihui Orchid blooms with butterflies flying around, exuding lingering charm in people's minds. The orchid culture is flourishing and spreading. Rural revitalization entered a new chapter.Fragrant orchids and worthy trees tend to thrive in the mountains.

Planting a pot of orchids can add elegance to the room with its fragrance. Planting a field of orchids can benefit the people with farming flourishing.

As the government taking the lead, together with the media and enterprises, the orchid industry is blooming as well as the local agriculture. All parties are devoted to paving the path for this splendid flower.

It can be said that a great gathering brings forth double happiness, offering orchids gifts to fathers and bringing joy to the flower growers.

All the past is a prelude. That's how Paternal Orchid made its name.

(The author is the Deputy Director of Brand and Digital Agriculture Business Department of Southern Rural News)

---

① Renyin Year is the 39th year of the sexagenary year cycle in Chinese traditional lunar calendar.

广东农产品“12221”市场体系

1
推出“1”个农产品大数据平台

2
组建销区采购商和培养产区经纪人“2”支队伍

2
拓展销区和产区“2”大市场

2
策划采购商走进产区和农产品走进大市场“2”场活动

1
实现品牌打造、销量提升、市场引导、品种改良、农民致富等“1”揽子目标

四会兰花“12221”工作成效

兰花企业商务咨询次数同比增长3倍

各大线上销售平台浏览量同比增长近4倍

部分线上销售平台日浏览量达50万人次

2021年 5—6月

兰花销售量 85万盆

兰农收入 0.17亿元

2022年 5—6月

兰花销售量 300万盆

兰农收入 1.2亿元

四会兰花“12221”工作成效

“四会兰花”微信指数值日环比增加1496.77%，达到近一年来峰值。

20多家主流媒体及平台参与报道，发表融媒体稿件200多篇。

6月19日父亲节当天，全国首个兰花主题音乐会——“父爱如兰，为爱而歌”父亲节云上音乐会全网观看量超100万人次。

微博话题#广东四会用兰花向父亲表达爱#，登上同城热搜榜第一。

四会兰花——父亲节专属之花

以“父爱如兰，用兰勇敢表达爱”为主题，四会市推出八款“父亲节花礼”。

墨兰·企黑

花语：深厚的爱

特点：黑叶立正直，花香淡久

墨兰·企黑爪

花语：正直的爱

特点：叶带金边，高贵典雅，花香四溢

墨兰·小香

花语：无私的爱

特点：易养、花多，被誉为“开花机器”

建兰·青山玉泉

花语：细腻的爱

特点：叶细花素，文质彬彬，清新脱俗

建兰·黄金彩虹

花语：永恒的爱

特点：叶带金边，花多幽香，富贵霸气

建兰·铁骨锦旗

花语：坚韧的爱

特点：叶带金边，叶坚韧、质地坚硬

建兰·绿鸟嘴

花语：含蓄的爱

特点：新芽色泽美，老叶退艺，花色清艳雅致

杂交兰·香兰

花语：绽放的爱

特点：在阳光下散发出浓香

花 事 拾 萃

2022年

5月初

上省城"取经"

四会市委书记李伟忠带队到广东省农业农村厅"取经"。在会上，"父爱如兰"的金点子碰撞而出。

5月7日

四会兰花产业发展工作会议

组织召开四会兰花产业发展工作会议，联合各方形成实施方案。

5月10日

组建四会兰花营销专班

正式组建四会兰花"12221"营销专班，在全省率先制定兰花营销"路线图"。

5月13日

“父爱如兰”父亲节主题征文启动

征文活动吸引了来自各行业各阶层人士的投稿……其中医学博士、儿科医生王花撰写的文章《我叫王花，兰花的花》，短短一周内获得40多万的阅读量。

5月19日

四会兰花logo发布

四会兰花logo结合了“四会”“兰花”“玉如意”的元素，展示了四会有“兰花”“玉器”两宝的城市特征。

5月20日

推出“父亲节花礼”及父亲节专属之花

包括八款“父亲节花礼”以及一款父亲节专属之花。其中父亲节专属之花蝴蝶文心兰——“齐天大圣”，因其外形与“齐天大圣”相似而得名，喻意父亲如超级英雄般守护子女成长，得名“父兰”。

5月24日

四会兰花品牌及营销口号发布

四会兰花品牌口号为“父爱如兰·四水年华”，营销口号为“父爱如兰，用兰勇敢表达爱”。

5月27日

“玉·兰相会”

四会市组织开展“玉·兰相会”助力乡村振兴兰花基地调研座谈会，两大产业联手发展。

5月30日

“剧本控”《父爱如兰》上线

全国首个乡村振兴“剧本控”《父爱如兰》，运用全息数字系统讲述四会兰花的故事及文化内涵，为玩家提供沉浸式娱乐体验。

6月8日

驻镇帮镇扶村工作队助力兰花销售

根据省驻镇帮镇扶村工作部署，自2021年7月始，省中直、佛山市、肇庆市等有关单位携资进驻四会进行定点帮扶。

6月10日

广东四会兰花“12221”市场体系建设系列活动启动仪式

活动向外宣示，将在种植技术、品种研发、文化传播、电商赛道等方面持续加力，打造四会“中国父兰之乡”的金字招牌。

6月10日

四会兰花首登广州塔、亮屏大湾区

四会兰花向大湾区市民发出“父亲节，用兰勇敢表达爱”的号召。同期，四会兰花在广州市多个主要公交站场以及四会市的主要公交站、商圈亮屏。

6月11日

一炮打响，合作商不断

邮政极速鲜平台、益农平台、农博会平台、新农人抖音平台等主动前来对接，一是迅速上架销售平台，二是探索长期合作新模式，以兰花线上销售、包装设计、快递打包及配送服务等为切入点，进一步降低网销成本。

6月11日

《以爱之名，赠父幽兰》短片全网首发

广东肇庆四会市委副书记唐莹第一次走到了镜头前面，为“中国父兰之乡”代言，四会的山水与兰花，给人们留下美好的印象。

6月14日

“父爱有回音——三行家书”活动上线

策划“父爱有回音——三行家书”活动，多位微博百万“大V”助力，三行家书投稿总计上千份。

6月15日

《父爱如兰》主题曲首发

由四会市艺术工作者创作的主题曲《父爱如兰》在全球150多个音乐平台上线。

6月16日

广东四会兰花表情包上线

表情包以墨兰、蝴蝶兰、杂交兰、建兰为原型进行创意设计。

6月18日

兰花献给父亲

父亲节前夕，中国农业大学校长孙其信教授、胡润百富董事长胡润分别收到子女送的兰花。孙其信说：“这应该是我收到的最好的父亲节礼物。”胡润表示，四会兰花可以登上父亲节礼物的“最佳榜单”，堪称完美的父亲节礼物。

6月19日

四会兰花父亲节云上音乐会

全国首个兰花主题音乐会——“父爱如兰，为爱而歌”父亲节云上音乐会在“南方+”直播间、视频号，以及移动、联通、电信等通信平台直播，全网百万人观看。

6月23日

四会兰花“12221”市场体系建设工作会议举行

四会市委书记李伟忠要求，要坚持打好产业、市场、科技、文化“四张牌”，保持力度不减、热情不退、干劲不松，助力四会兰花“12221”市场体系建设工作向纵深推进。

第一章

兰之猗猗
四水相会

四会兰花50天『造节』纪实

2022年

唐莹日记

成事在人，谋事也在人。我坚信复杂的事情简单做，简单的事情用心做。坚持下去，就没有做不成的事情！

唐莹

- 广东怀集人
- 2000年　参加工作
- 2012年　共青团肇庆市委书记
- 2020年　四会市委副书记、一级调研员
- 2022年6月至今　肇庆市委农办常务副主任、农业农村局党组副书记、乡村振兴局常务副局长、一级调研员

初心

2022年4月
26日

晴

这段时间以来，兰花不好卖，这对市场来说或是一颗尘埃，但对于花农来说就压力山大。我们关注到徐闻菠萝、德庆贡柑品牌打响了，卖出了好价钱，四会市委李伟忠书记和我商量，把“12221”市场体系建设运用到兰花产业上来。

四会农业有两个支柱产业，一个是砂糖橘，另一个是兰花。而兰花四季都可供应，产业基础好，所以我想，我们或许可以先尝试主推兰花，以兰花带动四会农业大变化。

产业振兴是乡村振兴的基础，而品牌建设是产业振兴的牛鼻子。我们四会兰花拥有六十多家企业，培育好农业品牌，为花农增收致富是农业干部不可推卸的职责。

我深知做好农业品牌是一个系统工程，需要强大的平台支撑和资源赋能。明天，李伟忠书记将带队去省农业农村厅汇报工作，并寻求相关支持，之前由于疫情、工作、假期的关系，我们去省农业农村厅争取把四会兰花加入全省“12221”市场体系工作范畴的计划多次被延误。终于在明天，我们将要成行，我内心很激动，也很期待！

金点子的诞生

2022年4月
27日
晴

今天，脑洞大开，收获满满，开心满满。

上午，伟忠书记带领我们一班人，到广东省农业农村厅汇报请教兰花营销工作。新冠肺炎疫情重压之下，花市花街花店“门前冷落车马稀”，我们四会兰花严重滞销，怎么办？近年来，广东省农业农村厅以“12221”市场体系建设为抓手，推动徐闻菠萝、化州橘红、德庆贡柑、广东荔枝等滞销变热销。四会如何用好“12221”，让花农把兰花卖好，进而把兰花模式推广至砂糖橘等产业，是我们此行的目的。

到了会场，大家心头一热。厅里为我们邀请了电商媒体平台等各路英雄30多人，坐了满满一屋子。一刹那，我明白了为什么徐闻菠萝、德庆贡柑热销，是因为人多力量大、众人拾柴火焰高呀。

听了伟忠书记的汇报请求后，分管市场工作的陈东副厅长对书记的担当作为、思考谋划特别认同，充分肯定。陈东副厅长说：对于我们而言，兰花卖不出去，是许多困难中的一个困难；帮助花农卖兰花，是许多工作中的一项工作。但对于花农而言，影响的则是全年生计，一家子一年的用度，一年的柴米油盐、孩子上学、老人看病的收入依靠。以人民为中心，就是一切工作的出发点、归宿是为了人民，就应当把帮助花农卖兰花作为工作的重中之重，用心用情用智用力去真抓、实抓、快抓、细抓。陈东副厅长认为伟忠书记这一来，来的是责任、担当、情怀，是求真务实。厅里要举全市场系统力量予以指导支持。

特别开心的是，陈东副厅长深入细致地与我们展开了路径方法探讨。陈东副厅长说，产品的价值既有直接的物质价值，也有间接的情感文化价值，实现价值的最大化，一定要双价值共开发、同彰显。产品营销既要按需供给，也要创需供给。按需供给是营销“常态”，创需供给是营销“升级”，没有需求就培育创造出需求，才是销售的更高水平、更高境界。四会兰花营销，一是要在物质、文化双价值上双轨运行，二是要在按需供给、创需供给上双轮齐驱。若是如此，兰花的价值、花农的收益一定会有跨越性突破。

陈东副厅长提出，有了认识论，就要形成实践论，怎么令双轮双轨相向落地落实？陈东副厅长接着说：“母亲节有康乃馨，情人节有玫瑰花，端午节有粽子，中秋节有月饼，但是又苦又累的父亲们好不容易有了自己的节日，却没有约定成俗的礼物，我们能不能够为可敬可亲的父亲，为伟大的父亲节创造一份节日礼物呢？”语罢，大家都笑了。今天是4月27日，6月19日就是父亲节，四会花农能不能和我们一起呐喊：“父爱如兰，父亲节就要为父亲送兰花！”让送兰花成为父亲节的礼仪文化呢？

一语激起千重浪，会议室热闹了。相信与会的每一位同事，内心也与我一样沸腾了起来。“办法总比困难多”“希望源于思想”“要干好就要有想法”，瞬间我脑子里跳出了许许多多思想火花，我是一个容易激动的人，此时此刻，我特别激动，四会花农有奔头了，四会兰花有希望了！

思想统一后，陈东副厅长叮嘱：“要把有意义的事做得有意思，把有意思的事做得有价值，真做、快做，做实、做细、做深、做大、做好。”他还特别叮嘱：“钉钉子精神，实质是锤子精神，锤子不敲，钉子不进，锤子敲一下，钉子才进一分。”

会的！请厅里的同志们相信，我们四会的同事一定锤好锤子，钉好钉子，帮花农卖好兰花，建设兰花产业高地。

两种观念碰撞

2022年5月
7日

阴

经过一周的充分酝酿和思考，我们已经形成了系统的营销方案和实施步骤。但是，我们深知从思路到方案落地仍有一大段路要走，其中首要的是摸清楚兰花企业的实际需求。

品牌营销，产品力是关键。今天，我们把四会所有种植兰花的花农召集起来在石狗镇开会，主要目的是解决两个问题：兰花如何统一包装？兰花IP选择哪个？

父爱如兰活动创意的提出，带给了兰花协会会员企业很大的思想冲击。四会市委办副主任陈文杰是个“思想家”，用他的话来说，兰协内部也分成了“新思维派”和“保守派”：“新思维派”对父爱如兰创意接受比较快，跃跃欲试；“保守派”则抱着观望迟疑态度，更多关注眼前变现利益。

我的思考是，两派之分别，本质其实是“兰花互联网思维”和“兰花传统小农经济思维”的碰撞，前者是流量为王，提高转化率的互联网思维，后者是先种好花，再卖花香的传统买卖思维，这是“12221”在基层推进的生动实践。

“人心齐，泰山移”，我们达成了一个共识：一心一意一起做，把兰花推向肇庆、广东、全国乃至全球。父亲节之前大家要努力把花培育好，由兰花协会统一放到电商平台，并做好统一包装，让四会兰花趁着父亲节大放异彩。会上，花农、兰花企业纷纷发言，一位兰花企业主激

四会市石狗镇兰花种植基地

动地说，政府如此重视兰花产业发展，他们很感动，他们一定会全力以赴做好。

花农坚定信心，兰花协会努力团结一致，而我作为农业农村的分管负责人，一定会全力以赴为花农、为农业企业增收发展作出最大的努力。

下午因为有其他会议安排，推进兰花的工作安排在晚上。

针对今天早上花农的担忧，以及目前兰花生产要突破的问题，我梳理出了几个解决办法，明天早上会商会的时候将和同事们一起讨论研究。

专班成立

2022年5月

10日

雨

天气预报说，今天开始到5月13日广东大范围会经历暴雨到大暴雨的降水过程，并且这次降雨过程可能是广东今年以来强度最强、范围最广、持续时间最长的强降水过程。闷热的天气，灰蒙蒙的天空，这是像要下大雨的节奏。

按照昨晚梳理出的思路和方向，一上班我就和相关同志、南方农村报、新华网一起碰面商讨。

大家针对打造兰花销售新模式、反季节销售、宣传渠道扩大、销售渠道拓宽等方面提出了一些建议和构想，例如父亲节前夕提前造势，不断推送父亲节与兰花相结合的内容等，这些建议得到了与会同事们的一致认可。而众多的建议和行动计划中，首先要做的就是宣传打头阵。抢占宣传和舆论的先机，内容就是先声夺人，让人先入为主的关键一步。

晚上八点多，南方农村报率先发布了《组专班，全省率先启动并制定四会兰花营销“路线图”》的消息。果不其然，消息一发布，各个群、朋友圈就纷纷点赞和热议。尤其是广东兰花产业“12221”工作小组的群里，连翁源的兰花企业也不甘落后，纷纷发出一些当地的兰花宣传视频。当然，我们四会的花农企业和我的同事们也不甘示弱，把四会兰花相关视频陆续发出来，不断刷屏，热闹极了。大概晚上11点半，群里才渐渐消停下来。

宣传占先机，行动最实际。从今晚群里的动态来看，我们四会兰花产业“12221”工作体系的推介任重而道远。压力和担心不禁油然而生。

压力也罢，担心也好，我深知作为分管农业农村工作的我已无退路，我们只有全力以赴，全身心投入，为我们的花农能持续走上致富之路努力拼一回！

再访农业农村厅

2022年5月
11日

雨

今天又是忙碌和充实的一天。

早上9点，天下着毛毛雨，按照既定的行程安排，我和相关同事陪伟忠书记去检查五个防汛点。上午11点左右，陪伟忠书记检查完既定防汛点后，我和水利局副局长又去了一个我挂点的中型水库——江谷水库检查。今天的天气真的出人意料，天气预报说好的暴雨不仅没有出现，到了接近江谷水库时太阳居然爬出云层，又突然下起中雨，真是应了刘禹锡那句诗“东边日出西边雨”。

回到市委市政府大楼，已经是12点48分，顾不上吃午饭，匆忙跑回宿舍换了一件干净的衣服，便踏上了前往省农业农村厅的车。原本按气象局的预报，今天广州会有大范围的降雨，省厅的同志让我们改期再去，但是为了争取更多的资源，在征得伟忠书记的同意后，我和两个同事还是毅然前往。

一路顺畅，从四会到厅里仅用了一个小时，这足以证明我们四会的区位优势，这正是我们建设大湾区兰花高地的底气所在，这将是等会儿我们向媒体朋友推介兰花产业的又一筹码。想到这，我差一点笑出声。

下午3点，我们与媒体的会商座谈正式开始，陈东副厅长一如既往毫不吝啬地给予基层干部关爱，毫不吝惜地表扬与肯定了我们。把我们为花农卖兰花的初心、情怀、方法、路径向媒体朋友作了介绍，并把我们工作的不容易一一向媒体朋友和盘托出，请求媒体朋友像爱护眼睛一样爱护我们这一群为花农尽心尽力的卖花姑娘、卖花小伙。陈东副厅长的一番话暖了我们的心，也暖了每一位与会朋友的心。

工作中一旦代入感情，就会全身心投入。机会总是留给有准备的人，我介绍四会兰花“12221”营销计划之后，媒体朋友们反应热烈。一是对我们为花农的用心用情极为认可，二是对我们“父爱如兰，父亲节就用兰花表达爱”的策划称赞不已。有位媒体朋友跟我说，不但要把四会兰花宣传好，更要把我们这一体系宣传好。他说，如果更多的农产品能像这样“捏成拳头”去做营销，就会有更多的农民兄弟姐妹增收致富。听到这一句话，我心头一热，为花农卖兰花真是一件非常有意义的工作。会议之后，陈东副厅长留我们一行吃工作餐，吃饭的过程中不断谈工作，完全不在意吃的是什么，但也吃得特别饱。陈东副厅长再次用“一二三四五”帮我们梳理四会兰花“12221”。一是做好“父爱如兰，父亲节用兰花表达爱”的创意宣传推广。二是发挥四会玉器十万电商的担当作为，策划“玉·兰相会”，十万玉器电商卖兰花。三是讲好台湾陈明星先生携兰返乡二十年如一日建设四会兰花之乡的故事。四是提议我们建设兰花亭、兰花湖，在兰花这道产业风景线中打造地标。五是提醒我们关注研究当前流行的“剧本控”，争取创作出体现海峡两岸亲情故事的兰花“剧本控”。天下武功，唯快不破，兴奋和万千思绪已按捺不住，我边听边发信息到我们的工作群，告知我们的小伙伴等会儿回到四会马上开会，把陈东副厅长的提议变成我们的工作方案。今晚又将是我们挑灯夜战的战斗之夜，我们一群人正在为农民兄弟姐妹打一场抗疫保增收的攻坚战。

建立台账

2022年5月
12日
雨

今天还是继续下着大雨，公务安排有三个会议，其中一个重要的会议是我专门召集的，主要是列出十项工作重点和制定台账。

在专班办公室就有一块大白板，记录着四会兰花“12221”市场体系建设的工作任务。

下午4点半，参加完现代农业产业园工作视频会议后，我召集了市委办、市委宣传部、市农业农村局、市教育局的负责同志到市委市政府九楼开兰花产业工作会。会上，我把昨天拜访农业农村厅达成的共识，与专班同志一一分享和传达，大家一致的意见是，以兰花专班为中心，列出四会兰花“12221”市场体系建设十项重点工作，列出台账，倒排时间，逐一落实。

下午的会议效率十分高。半个小时，同事们根据省农厅的建议，并结合四会的实际，明确了冲刺30天，全力推进的十项重点工作。

晚上8点半，“南方+”发出了《以兰为名，致敬父爱！广东四会打造父亲专属之花》推文，各大平台、我的朋友圈几乎刷屏。

行动是硬道理。四会兰花致敬父亲节，打造父亲节专属之花，推动打响四会兰花品牌，我们迈出了坚实的一步。

专班动员会

2022年5月

13日

雨

今天的工作安排是专班成员动员会和会见客商。

早上10点，兰花工作专班的全体成员进行了第一次碰头。这是一群年轻的伙伴。我喜欢这样年轻的团队，年轻人执行能力强，有创意，敢拼敢闯，容易接受新鲜事物。专班成员从各个部门招募，他们都是组织协调、宣传推广的好手，冲刺30天，需要这样执行力强的团队。

今天的动员会，大家达成了三点共识：一是一群人一定要一起努力团结一致；二是让全国、全世界记住父亲节有专属的花，那就是四会的兰花；三是一件事造福一方百姓。

动员会结束后，我特地和文杰、子情就“剧本控”的撰写和首发仪式细节进行了讨论，我也毫不保留地说出了自己对于乡村振兴剧本杀创意能否很好融入市场的顾虑。作为工作上的“前辈”，我跟他们明确了创作主线、主题情节、情感融合等方面的创作思路；作为“剧本控”的“外行人”，我静下心来倾听了子情的许多看法。她跟我说，有文化内涵的“剧本控”，是可以从情感上带动年轻人树立文化自信的，对于兰文化推广有非常正面的作用。她还跟我分享了“剧本控”的具体玩法、市场热度、年轻群体的喜好等等，还说要带我去体验一把。我发现，她不仅是一个资深的“剧本控”玩家，还能够带着思考去参与。看着专班小伙伴们充满干劲的样子，仿佛看到了当年为青春事业奋斗的自己。

四会兰花营销“12221”专班人员合影

附：四会兰花营销“12221”行动专班名单（以下职务为时任职务）

唐　莹	四会市委副书记
何韶辉	四会市石狗镇党委书记
陈文杰	四会市委办副主任
曾富荣	四会市乡村振兴局常务副局长
吴健陶	四会市罗源镇党委委员
苏艺敏	四会市石狗镇党委委员
黄小凤	四会市网络安全应急指挥中心主任
陈绍基	四会市委政法委科员（市应急机动中心一中队股长）
刘惠英	四会市石狗镇公共服务办主任
曾敏怡	四会市融媒体中心记者、编辑
邱丽雯	四会市妇联办公室主任
陈子情	四会市委办综合股股长
梁景宽	四会市委办科员

一身多职

2022年5月
14日

雨

今天是星期六，是难得不用加班和值班的周末。过去的一周忙于各类工作事务以及落实四会兰花“12221”工作，中午几乎没有休息过，就连晚上也是折腾到凌晨1点才能入眠。本想趁此机会补补觉，但一想还有许多事情还没落实，我顿时又燃起了斗志。

肚子还是有点不舒服，为了不影响今天的状态，吃了几口稀粥，吃了一颗止痛药，便开始一天的忙碌。

往常，不加班、不值班的话，我会在家陪陪孩子，照顾他的早餐、午餐，洗衣，与孩子交交心……孩子现在到了中考的关键时刻，陪伴是最长情的告白。

今天，儿子显得特别焦虑。因为前段时间他们学校所在的区受新冠肺炎疫情影响，整个区的中考模拟考成绩都不太理想，儿子也不例外。今天是广州各大高中自主招生报名的第三天，他不知道该如何选择。恰逢周末，我和先生约好了好好开导他，鼓励他，帮他树立信心，利用一个月的时间迎头赶上。儿子很懂事，一番开导后，终于在吃饭前敲定了招考的方向，并重拾了信心和斗志。

在这个世界上，女人既是女儿，也是妻子，更是母亲。我们总是承担着多重角色，而社会对我们有着超高的要求。

午饭后，儿子进入了复习状态，我也投入了跟踪、督促和落实四会兰花“12221”相关工作中。

下午打了一通电话，敲定四会兰花包装设计方案，修正完善了工作台账以及今晚要推出的内容。一天的忙碌总算在晚上10点多结束了。

“伟大母亲，贤惠妻子，有为女性”，这是2006年我在基层工作时，一位县委书记在三八妇女节纪念会上对女干部的寄语。我一直铭记着并一直努力着！

四会绥江（邓小川　摄）

1000 万元的免费广告

2022年5月
15日

雨

今天是星期天，早上11点多，忙完孩子网上自主招生报名工作后我就接到陈东副厅长的电话。

这次他提议我们利用好共青团广东省委的资源，用这些“大V”号来助力四会兰花的推广。这的确是妙招啊！因为广东共青团的微信公众号有1000万粉丝，如果他们帮我们做“父亲节送四会兰花”活动的推广，那无疑是一个1000万的免费广告呀！电话里他还交代了三件事情：一是要加快“剧本控”的进度；二是要尽快落实“大V”的宣传写作并且要利用好共青团广东省委的资源；三是筹备这次活动的速度要快！言语之间，我听出了他的用心良苦，也感受到了四会兰花在上周的会议后，首次成为兰花产业中先进梯队的喜悦。

下午，打了一通电话，对接上了团省委的相关同志。一番嘘寒问暖后，他马上爽快答应了帮忙推介四会兰花，助力乡村振兴工作。随后，我马上建群，专班负责的同志马上一一对接跟进，这就是年轻的力量，这就是执行力的体现。

兰花头像

2022年5月
16日
晴

今天周一，同样是忙碌又充实的一天。今天除了公务安排四个会议，我还安排了跟客商会面。

中午12：40，在肇庆开完两个会议后，还没来得及吃午饭就往四会市委市政府大楼赶，因为下午两点半还有个会议在四会市委市政府大楼召开，我得赶在两点钟之前回到四会。回到市委市政府大楼也已经是下午1：50了，回到办公室后，简单吃了两个鸡蛋，马上准备好下午的会议资料以及发言思路。

今天又是一个不能午睡的中午。基层的工作就是这样，先生常常调侃并心疼地笑话我是“最佳拍档”。我笑而不语，我知道，他懂的，我这是在其位谋其职。

下午4：20，趁距离下午5：00的会议还有40分钟的时间，我回到了九楼与专班成员以及两个媒体的负责人碰了碰面，落实活动更多的细节。专班的办公室就在我的办公室对面，这是我专门挑选的，为的是方便我与专班成员高效沟通对接，专班办公室的大白板上已经列出了台账，负责人员、时间清晰而醒目。对专班成员表扬一番后，我接着与他们商谈如何借助共青团广东省委的资源，借助四会玉器直播优势，去吸引千万粉丝关注四会兰花，百万网红直播宣传四会兰花事宜。

商谈中，专班列出了与团省委的合作方案，理清了各大媒体来四会采访的名单和时间，对接成功后，我们的微信集体换上了兰花头像。

“一群人，一起努力，干成一件事！把有意义的事情做得有意思，把有意思的事情做得有价值！”今天，专班成员们达成了这样的默契和共识！

四会兰花营销“12221”行动专班成员的微信集体换上了兰花头像

玉·兰相会

2022年5月

17日

晴

今天主要有两个工作安排：一是陪同肇庆许晓雄市长到石狗镇调研基层党建、兰花产业发展等工作；二是跟媒体的相关负责人对接四会兰花“12221”父亲节推介活动专项工作的细节。

在肇庆雅兰芳农业科技有限公司调研期间，许市长充分肯定了我们四会抓党建促乡村振兴、以特色产业带动富民强村的成效，许市长还给四会发展兰花产业提出了具体建议，他要求我们一定千方百计帮助企业解决实际问题，推动兰花产业做大做强，推动产业发展等各项乡村振兴工作取得新成效。调研结束后，许市长与花农合影，为四会兰花打call（应援），为我们接下来更好地推介四会兰花带来了信心和力量。

调研结束，赶回市府大院已经是11点半了，紧接着我就和兰花工作专班小组开了专题工作会。

会议期间，新华网、南方农村报、珠江经济台负责策划的媒体人提出了借助玉器直播带动兰花直播的好建议，如通过玉器电商平台资源、场景布置、活动预热和礼品赠送等方式，制造兰花新的消费热点，扩大销售渠道，实现两大特色产业的深度融合，实现兰花销售新的突破。

玉器产业是四会一大富民产业，四会的玉器产品一直畅销国内外。迄今为止，从业人员达30万人，年交易额约600亿元，玉器产业规模位居全国前列。2020年的时候，四会就与北京字节跳动签订合作协议，携手把四会“抖音直播基地”打造成行业标杆，自玉石直播基地投入运营以来，已有500多个商家入驻，共1390个抖音直播账号，带动直播从业人员就业超6000人，电商节庆期间当天直播销售额突破8000万元。

我觉得这是一个非常好的机会，四会兰花可以借助玉石直播基地的经验与模式，打造全国首个花卉绿植类抖音电商直播基地——金引擎抖音花卉绿植直播孵化中心，兰企可以借力短视频平台流量优势、技术优势和独特的营销手段实现兰花电商的高速发展。玉器办的同志和玉器企业平台十分支持，提出了5月26日邀请四会玉器龙头企业、知名主播大咖一起走进兰花企业，面对面联动和推进。我灵机一动，提出了“玉·兰相会”这个大家一致赞同的好主题。

他山之石，四会成器；台胞引路，花开四会。期待5月26日“玉·兰相会”能碰撞出绚丽的火花！

2021四会市镶嵌设计金奖作品《兰袍》（李俊、顾剑纹、张宇飞　设计）

四会·天光墟灯火阑珊（黎展华　摄）

举全市之力推兰花

2022年5月

18日

晴

今天，市委市政府相关职能部门集聚，只为四会兰花。

上午，我召集市宣传部、教育局、团委、文联、作协、摄影协会、工商联、青年企业家协会等单位人员开会，30多人都是有文化、有思路的干部。关于如何发挥大家的能量，整合有利资源推广兰花，我会前花了很长时间思考与谋划。

“举全市之力推兰花”，在会上我开门见山地提出。纵观农产品区域公用品牌特别是省内优秀的“12221”典型案例经验，整合资源是关键一招。我要求大家积极提意见，发挥想象力。

四会兰花是代表四会市的“市兰”，也是涉及成千上万农户的乡村产业。各部门或社团负责人各自发表意见，并就多种形式、多种力量推广兰花提出可以落地的行动方案。会上达成共识，一是开展征文活动，以文化赋能兰花，我委托罗源镇党委书记焦亚邱，发动身边的文人墨客，积极投稿；二是依托学生团体，在父亲节开展送兰花行动。

县域力量助推县域经济，我相信这不仅是一次实践，也是我们以县域力量探索农产品“出圈”的一次重要创新。

下午，我和专班同事进行了简短地会商，抛出了“父爱如兰·花开四会”“父爱如兰·四水年华”“花开四会，用兰勇敢表达爱”等口号；确定了logo样式的两个待定样本；敲定了启动仪式的初步方案。另外我也打电话请教了一些老领导，问了宣传、文广旅体部门四会以往对外宣传的logo，一一作为参考。晚上10点多，我征求了领导和同事们的意见后，四会兰花logo和“父爱如兰，用兰表达爱”的营销口号正式确定。

四会兰花区域公用品牌logo

几分耕耘，几分收获

2022年5月
19日
晴

经过20多天的努力，四会兰花成为走出大湾区的“大家闺秀”，驰名京津冀、长三角。经过与四会李伟忠书记和翁卓辉市长商量，我们将阶段性的成果形成了《关于广东四会兰花市场体系建设的报告》，呈报时任省委常委叶贞琴同志和省农业农村厅，正是叶常委的力推，广东农业农村才形成今天的生产与市场两手抓的局面。叶常委对于广东农产品“12221”市场体系建设特别重视，并亲自指挥。报告送出去才三天，办公厅就反馈回来了。叶常委对我们的工作做了批示：“肇庆市四会市以市场开拓为龙头，以全产业链思维为引领，全力打造四会兰花产业体系，做法值得肯定，请农业农村厅大力支持指导！”

省委常委的工作很忙，我还真怕叶常委顾不上我们的报告，没想到仅仅三天便有了批示。这是省领导对农业工作的重视，对农民兄弟姐妹的关爱，也是对我们工作的认可和肯定。沉浸在喜悦中的同时，我马上把信息报告给四会市委伟忠书记，也向肇庆市委秦波常委汇报了具体情况。两位领导分别给予了肯定，给专班同志大大地点赞！

这是一份加油鼓劲的批示，也是一份沉甸甸的责任。

开弓没有回头箭，20多天的努力付出，从宣传发布、到logo和营销口号的确定、再到十项重点工作的明确和落实……

四会兰花一定会打响品牌，越来越多花农一定会走上致富的道路！

表达爱的日子

2022年5月
20日

晴

今天是5月20日，是一个有爱的日子，也是一个表达爱的日子。

按照计划，今天的主要工作任务是确定兰花花语、兰花人物形象IP和晚上发布的内容和视频。早上的专班会商会确定了以墨兰和建兰两大系列共八种兰花作为父亲节主推的八种兰花，商定了八种花的花语，包含“淳厚、清正、含蓄、细腻、深沉、坚韧、质朴、绽放”八种与父爱吻合的花语。

傍晚6点多，媒体如期推送《520“爸”气花礼上线，用兰表达爱！》。精心准备、贴心内容、走心桥段让今晚的朋友圈如愿炸了一回，点赞竟然有300个之多，可以排上我的朋友圈点赞之首了。晚上9点多，省“12221”战报公布，广东四会兰花“520用兰表达爱”如愿进入三甲。

晚上10点多，惊喜地接到了好几条暖心的信息，其中两条是来自四会花农的，其中一条写道：“无论您走到哪里，我们都一样爱您！您为我们四会农业尽心尽力，我们非常感恩！”看到一条条暖心的信息，看着朋友圈满屏的点赞，内心是满满的感动。

但行好事，星光不负赶路人，广东省农业农村厅领导，市委市政府领导、专班成员、各大媒体、花农致力于把四会兰花做大做强，已经扭成了一条绳，形成了强大的合力！

努力的人儿

2022年5月
21日

晴

晴朗的星期六，适合户外运动。而今天，我的主要任务是落实对接兰花销售渠道。

早上8点不到，专班的工作群已经热闹非凡，大家在讨论电商平台的设计风格，各抒己见，经过一番热烈讨论，一致定下宣传图片的风格和文字。

下午4点多，我陪同省委宣传部的领导到了石狗镇参观调研。故友相逢，一路上我们聊起以前共青团激情燃烧的岁月，也谈到农业农村工作、乡村振兴工作的好经验好做法，他也为我这位基层的女干部打气鼓劲，最为动情的是他说的那句“老干部在基层不容易，尤其分管‘三农’工作，更为辛苦，听你介绍得头头是道，甚是感动，你实现了华丽转身，证明女干部，曾经的团干部也是可以真抓实干、敢干、善干并能干的”。

年届不惑，我竟然被深深地感动了，有为才有位，而有位要有为，既然组织信任，让我分管“三农”工作，我一定要在其位谋其职，真心真意为“三农”工作尽绵薄之力。

回到家已是晚上11点多，静悄悄的家里，灯没有亮，才发现我忘记了今天是休息日，这周孩子在学校连周上课不回来，先生也去了广州开党代会。梳洗整理完后，已是深夜0：05了。一个人在家的时光显得格外安逸和宁静。

我打开兰花工作台账，重新梳理了目前四会兰花企业产业推广的进度，再用日记记下今天的点点滴滴。明天的任务是督促跟进“剧本控”的进度和确定首发仪式的相关事宜。

努力的人儿，晚安！

蝴蝶兰（吴秒衡　摄）

政府怎么做才是有为

2022年5月

23日

雨

距离剧本控的首发仪式还有七天，兰花“12221”市场体系启动仪式越来越近了，专班的工作也越来越紧张了。

根据行程安排，今天主要有三个会议、一个调研活动。重要的任务就是落实“剧本控”首发仪式的初步方案以及敲定兰花包装盒设计、生产方案。

早上9点多，开完政府常务会议后回到了九楼专班办公室，按照原定计划召开座谈会，这次会议主要是和玖的文化公司负责同事确认“剧本控”首发仪式的方案以及解决目前专班工作中所遇到的难题、瓶颈。

前期，我和文杰、子情已经实地走访过四会市多家“剧本控”场馆，还在“Lemon柠檬魔法学院”体验了一次关于敦煌莫高窟文化的剧本，我深受启发。“剧本控”的沉浸式体验，能够让玩家生动地了解一个地方甚至一个事物的发展渊源，以亲身经历的形式给人留下深刻的印象。我们的《父爱如兰》剧本，一定要以故事牵引、文化延伸的方式，赋予四会兰花更多的情感价值，让四会兰花走进广大年轻人的心扉。

有了亲身走访体验的经历，我信心更足了。经过一个小时的会商讨论，举办首发仪式的地点和议程终于定下来了，也明确了“剧本控”的宣传主要方向，就是突出两个亮点：一是这个“剧本控”是全国首个乡村振兴主题的“剧本控”，同时蕴含着海峡两岸同胞情；二是首发仪式当天将会有VR体验，莅临的嘉宾都可以现场体验一把。

敲定了首发仪式的方案后，需要解决目前的项目进展以及明确兰花礼盒的费用出资方和推出的时间问题。

政府牵头和站台，企业实施和落实，这是正常的工作和市场分工。会上，我和专班的同事始终明确，有为政府并不是包揽所有，而是将市场挺在生产前面，用市场的手段调配资源，最终目的是实现联农带农，所以兰花礼盒的费用先由兰花协会承担，待活动销售收益入账后再商讨如何分配支付。由石狗镇党委书记何韶辉全面协调石狗兰花协会，专班的同事协助兰花协会设计和协商。包装设计关乎整个活动的最后成品体现，还影响后续网店的上线、快递运输等事项，设计方和兰花协会对接的进度太慢，我的内心不由得焦急起来，会上我专门交代了艺敏跟踪落实好包装礼盒的事项，协助兰花协会对接好设计方和生产厂家，三方要形成合力，才能更好推动工作快速落地落实，确保6月8日前包装盒出成品。

在回家的路上，我看了微信朋友圈，看到专班小伙伴曾富荣发朋友圈说他今天下午两个小时内为了沟通兰花“12221”工作连续拨打近40个电话，这个月平均每天主动拨打电话超30次（不包括接听的），拨出频率过高被认为是操作异常（疑似诈骗电话）！我看了看自己的通话记录，发现也有50多个。

一群人，一条心，一起努力，干成一件事，未来可期！

四会市府广场（邓小川　摄）

巧借东风

2022年5月

25日

晴

今天的主要任务是落实明天“玉·兰相会”的细节以及对接南方农村报和新华网宣传视频的拍摄方案。

“玉·兰相会”是我们的创意之举，主要目的是借助四会玉器直播的各种优势和经验传播带动农产品，尤其是兰花直播蓬勃发展，玉器协会的企业、直播大咖们有开展直播的优势和直播平台资源，如果能借一次东风，相信四会兰花的知名度会节节提升。经过多个电话、微信的对接，最终落实了“玉·兰相会”的具体事宜。

今天恰逢省党代会闭幕，我们四会兰花又有一波热度！早上11点多，“南方+”发布了一篇名为《打好“产业 市场 科技 文化”四张牌，农民生产生活步步高》的文章，文章提到了我们四会兰花“12221”的营销体系的做法和经验，这无疑是为我们四会兰花父亲节营销活动又做了一波强而有力的推广。媒体的推广实在给力！

天下万事，始作于一。四会兰花“12221”工作众多，需要以恒心一件一件做起，一件一件做实，才能把四会兰花的品牌和规模做大做强。

中国四会玉器博览城（罗炳昆　摄）

资源聚拢是关键

2022年5月

26日

晴

计划赶不上变化，因会议冲突，今天原定的“玉·兰相会”行程不得不改到明天。今天有了一点空闲的时间，想静下来复盘和思考，这一段时间以来，我最大的变化是什么？是兰花的产业责任大了，对兰花产业的思考多了，兰花全产业链的资源更多了。

对的，因为四会兰花“12221”营销，我的通讯录、朋友圈一下子壮大了好几倍。秉持使命担当去会友，会到的都是志同道合、真心为民的好朋友，是真朋友。为什么现在我开展工作比以往更得心应手？很重要的一点是朋友多了，资源多了。过去是一个人干，以一个人的能力去干、一个人的资源去干，现在是一群人在干，而且这一群人正在不断地壮大。

谈到四会兰花“12221”市场体系建设时，陈东副厅长说一定要跳出四会，跳出兰花，用开放的思维和格局去抓四会兰花，这样合作的力量最大，合作的资源最多，合作的空间也最广。在今天的复盘中，陈东副厅长这几句话令我印象特别深刻，我得与小伙伴们好好聊一聊合作的力量。

2021年四会市华表奖创意奖作品《七彩人生》（杨小闪、刘成　创作）

我为兰农卖兰花

2022年5月
27日

雨

大概是有心事，昨晚压根没有睡好，天一亮，我就早早起来。

今天的主要任务是对接落实好“剧本控”首发仪式、兰花花卉社区终端等事项以及安排“玉·兰相会”。早上8点到9点，我一直打电话和微信对接“剧本控”首发仪式的具体细节，如地点、最终选址、邀请领导嘉宾等。

早上9：06，我鼓起勇气发信息给省农业农村厅分管负责人请求资源支持和倾斜，请求他帮忙对接一批花卉渠道资源，特别是珠三角终端花卉渠道商、连锁花卉店、知名网商或社区等。功夫不负有心人，信息一发出，他秒回信息并告知具体对接相关处室的负责同志。令我惊喜和感动的是，他亲自建了一个“我为兰农卖兰花”的群，并把花卉渠道的企业家、媒体、平台一一拉进群。他这种用心用情用力，精心精准精细的工作态度和作风让我感动和佩服不已。

强大的支持当然需要我们强而迅速的执行力，我逐一添加了各位企业、平台、媒体负责人并安排了健陶、绍基、惠英逐个逐个对接和建群，落实具体销售渠道。晚上10点多，邵基给我发信息说，已成功与粤省事、京东、淘宝、拼多多、抖音、邮政、盒马鲜生等平台牵线对接，大家均有强烈的合作意愿，这两天就能上线各大平台。看到这信息，我终于放下了心头大石，落实了我们四会兰花终端销售渠道和平台上线的问题。

下午2：30，“玉·兰相会”活动顺利启动，30多位玉器电商负责人、大咖、网红主播一起走进了粤港澳大湾区最大兰花基地石狗镇，先后参观了万绿兴、雅兰芳、兰花科技馆，直观感受四会兰花产业发展情况。座谈期间，商家们如数家珍、毫无保留地介绍各自电商直播从业的经验和做法，以及曾经的曲折辛酸，更为“父亲节送兰花”电商直播出实招、高招。

“玉·兰相会”是一个噱头、一个宣传口号，而我真正需要做的是牵好这个头，让玉器直播的网红大咖、平台发挥好“传帮带”的作用，培养好一批本地农业网红主播，让他们助力乡村振兴。

难得的家务

2022年5月
28日

雨

今天是难得的休息日，不用值班。早餐后，我抓紧时间跑步了40多分钟，这两个星期没运动过，身体憋得难受，运动了一场，整个人感觉舒服多了。

明天就是“剧本控”的首发仪式了，今天的主要工作是和专班同事负责踩点、对议程、修改讲话稿、落实出席领导名单、告知肇庆出席领导并安排会议议程等准备工作。

10点多，我继续电话落实昨天的资源，一一地对接，一一地跟踪，忙了一番后，竟然已经是12点多了。

吃完午饭和忙完日常家务后，我翻开手机，逐条回看信息，查漏补缺，生怕遗漏什么重要信息。

下午按照上午对接的布置和建议，又结合我们四会的实际，具体对接和落实。

万事俱备，只待5月30日按下启动按钮了。

“剧本控”

2022年5月
30日

晴

今天的朋友圈又一次刷屏了。

在省农业农村厅的关心指导下，在同事们的精诚合作下，在相关媒体、花卉渠道资源、花农、爱国同胞陈明星先生等人的共同支持下，今天全国首个乡村振兴“剧本控”的首发仪式一炮而红。各类媒体竞相报道，微信、微博、省报、地方台、广东台等媒体和频道以四会兰花为符号，报道了我们广东四会兰花创新产销对接新模式，引领销售市场和新潮流，打响了广东四会兰花的知名度和美誉度。

成功非偶然。四会兰花一炮而红并不意外，我和专班同事都付出了不少努力。4月27日以来，我们中午几乎没有休息过，每晚都是加班到12点后。今天的“剧本控”首发仪式，从“剧本控”的题材选取、提纲修改20多稿到制作，再到反复测试；从场地的选取到现场的踩点；从议程敲定到首发仪式如何顺利进行，我和专班同事都经过充分讨论、细致斟酌、认真实施。实践证明，成功离不开一帮干事有冲劲、成事有能力、完事有执行力的团队。我们兰花专班的十几位同事是经得起考验、能干事、干成事、年轻有活力的同事，我为此感到欣慰和骄傲。我完全相信，接下来的四会兰花“12221”启动仪式和相关创意点子、项目的实施，我们专班的同事们完全能胜任。

午餐时，省农厅分管负责人和肇庆市领导不约而同地表达四会兰花“剧本控”助力乡村振兴很有创意，也充分肯定了四会以伟忠书记为班长的专班的执行能力和战斗力。伟忠书记对我说：“县委书记亲自抓乡村振兴是必须的，关键我有一位有能力、有担当、有执行力的副书记！”我被这番鼓励和表扬深深感动，原来努力去做好本职的每一件事，去服务“三农”，领导和群众是知道的，也是看在眼里记在心里的。用“功成不必在我，功成必定有我”来形容我当时的心情是最好不过的了。

兴许是被表扬冲击着兴奋的头脑，午后1点多，完全没有睡意的我，又拉上了南农、新华网、一亩田的几位负责同志，继续头脑风暴。

新华网的汪金生建议，要定位精准，让人一下子就记住四会兰花。“中国父兰之乡”就是最好的定位。我也灵机一动，想到了选择齐天大圣兰花作为“父兰”之花，齐天大圣属文心兰，是我们当地兰花企业研发的新品种，稀少、珍贵，是市场中难得一见的兰花珍品。这个品种不管是花型还是花色，都与《西游记》中的齐天大圣孙悟空十分相似。齐天大圣七十二变，无所不能、无所不会，像极了父亲这种能担当会干事、任劳任怨什么都能扛的性格。把齐天大圣作为“中国父

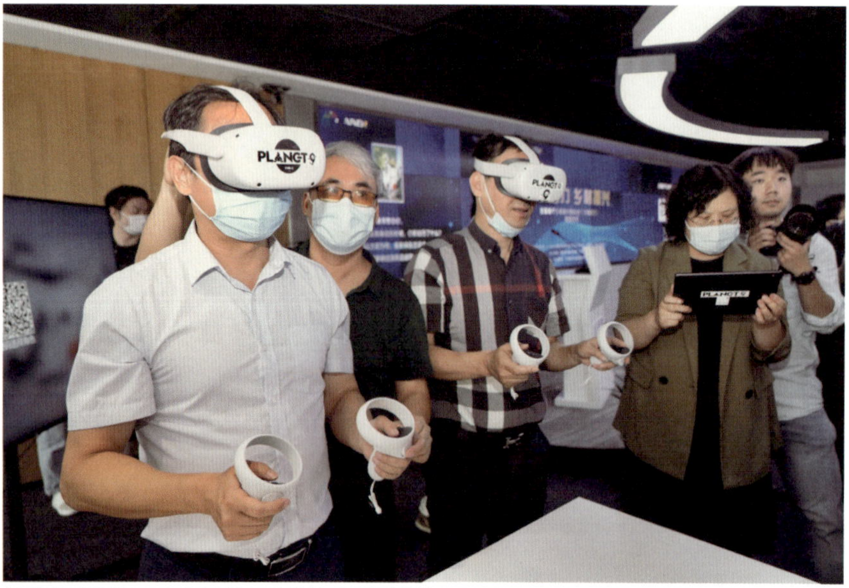

首发仪式现场，嘉宾佩戴VR眼镜体验“剧本控”

全国首个乡村振兴“剧本控”《父爱如兰》

兰之乡”专属之花最为合适。一个别出心裁又与兰花相符合的创意点子，由此诞生。

兴奋的同时，我专门打了电话给省农厅分管负责人汇报，得到他的肯定和表扬后，更坚定了将这一创意接下来的落地实施。

头脑风暴持续到下午2：45，共梳理出接下来我们要推进的26项工作。下午3点整，按约定陪伟忠书记与相关筹划团队洽谈如何开始备战代表肇庆参加乡村振兴大擂台的筹备工作。

下午4点半，洽谈结束，我们一起驱车回四会。路上，一直打电话和专班同事沟通接下来要推进的工作和梳理明早专班会商会的工作要点。

忙碌、兴奋又充满成就感的一天马上就过去了。细想这一个月风雨兼程，辛苦并幸福着，努力并拼搏着，为花农服务，我们是认真的！

合作力量大

2022年5月

31日

晴

按照工作安排，今天主要任务是商讨《父爱如兰》的主题歌曲，推进四会兰花“12221”市场营销活动启动仪式的方案落实落细，以及与抖音、京东平台相关负责人进行会商，敲定宣传合作方案。

早上上班的路上，我就开始跟省属相关媒体对接《父爱如兰》主题歌的曲风和歌词，打了接近一个小时的电话，又在微信群里跟专班同事商讨，最终定出了“父爱如兰”主题曲的曲风和歌词方向，希望他们尽快作出一首让人耳目一新的曲子。

早上9点多，跟专班小组的会商会开始了。我好好地表扬了专班的同事们一番，首发仪式这一仗打得很精彩，给专班的同事们打了一剂强心针，我们都对接下来启动仪式的成功举办信心满满。总结完首发仪式的情况后，我把昨天跟各大媒体开会商定的26项工作逐一跟专班同事们交代，力求每一个工作任务都有专人跟进。工作任务虽然多，时间也紧迫，但我知道大家一定能完成！

下午3点，是与抖音、京东相关负责人的会商会。会商会确定了两个方向：一是利用本地大学生的资源造势；二是把启动仪式的场地改在雅兰芳，这样既可以方便嘉宾观赏兰花，又可以让嘉宾亲临直播现场，感受现场气氛，这确实是一举两得的事儿。

晚上8点，《父爱如兰》主题曲的曲风和歌词都定好了，四会兰花产业“12221”启动仪式的方案也已完善好，最后连抖音、京东平台的宣传合作方案也敲定了。

成事在人，谋事也在人。虽然我们的启动仪式时间紧、任务重，但是我一直坚信复杂的事情简单做，简单的事情用心做，坚持下去，就没有做不成的事情！

热度“爆表”

2022年6月

1日

晴

今天是“六一”儿童节，是一个充满童真且有意义的一天。

一早我参加了“六一”儿童节慰问困难儿童活动，回到办公室后，就与专班同事开始紧锣密鼓地推进“父爱如兰”给父亲送四会兰花活动的相关工作。今天主要任务是定下6月10日启动仪式议程以及敲定计划投放到公交车站台的宣传海报。

确定6月10日启动仪式议程事关重要。关于启动仪式上兰花四君子的体现以及农担银企的授信仪式，大家都有不同的意见。经过一番讨论后，终于定下了大家都认为可行的方案。

为了发动更多市民朋友在父亲节送兰花，用兰勇敢表达爱，我们想到了一个主意，就是在公交车站站台贴上宣传海报。下午，经过小伙伴们的讨论，我们决定以“父爱如兰”为大标题并放上父亲节专属之花——“齐天大圣”兰花，既好看又吸引人。父亲节即将来临，我们的行动要更有效，要实实在在地让四会充满兰花与父亲节的氛围。

首发仪式过去了两天，但热度并没有减弱，今天多个媒体平台还在为我们的“剧本控”宣传造势，阅读量十分可观！

我们一步一个脚印，相信肯定会有不一样的收获！

主题曲的诞生

2022年6月
2日

晴

今天的主要任务是敲定《父爱如兰》的歌词内容以及旋律。

晚上9点多，《父爱如兰》的歌词终于出炉，“色彩缤纷的兰花，在四会灿烂盛开，感谢台胞种下这份爱，在这座城市，玉器兰花相遇，拥抱精彩一起向未来”。歌词切合我们的主题，重点是旋律十分容易让人记住，这个点非常重要。我把歌曲发在微信群里，听听大家的意见。没想到在这首歌上，大家意见如此一致——“没意见”。专班同事建议这首歌交由四会市青少儿艺术团的小朋友合唱，并在启动仪式上进行表演。这个主意是不错，从娃娃抓起，小朋友唱这首歌更有感染力，更利于传唱。

前阵子，朋友推选了一首歌曲demo过来给我听，作为我们四会兰花“父爱如兰”的备选主题曲，rap的曲风比较轻快。我听后，觉得虽有特色，但不够贴题，我们更需要一首温馨感人、悠扬悦耳、容易流传的歌曲，毕竟是为父爱而歌。

歌曲我也给专班的小伙伴们听过，他们的感觉和我一样。这时候，专班的吴健陶出了个点子，他说肇庆本土有一个杰出的音乐人，叫陈坚，曾在佛山抗疫期间为佛山写了一首歌曲，几天的点播率就超出了1000万，是一个挺有才华又热心公益事业的人，我们可以找他为四会兰花创作一首主题曲。我采纳了他的建议，并交由健陶去落实这件事情。

就这样，我们专班的小伙伴专门登门拜访了这位音乐人，说明了来意，他欣然地答应了我们。这几天，我们专班小伙伴也积极参与填词，但音乐人有自己的坚持，我们也十分尊重他的出品。今天，四会兰花主题曲《父爱如兰》诞生了，旋律优美，朗朗上口，朴实中饱含深情。我预感，这首歌定会唱进人们的心坎。

色彩缤纷的兰花　在四会灿烂盛开
感谢台胞种下这份爱
在这座城市　玉器兰花相遇
拥抱精彩一起向未来

父爱　如兰　我送你一朵花
这是我对你最真挚的告白
兰花　如你　陪伴着我成长
守护着我飞扬

我想快快地长大　却又不想你变老
怎能抹去你脸上的印记
为了撑起整个家　为我遮风又挡雨
我才发现你真的不容易

父爱　如兰　我送你一朵花
这是我对你最真挚的告白
兰花　如你　陪伴着我成长
守护着我飞扬

你不善言语
深藏在心底
为了我无畏无惧

父爱　如兰　我送你一朵花
这是我对你最真挚的告白
兰花　如你　陪伴着我成长
守护着我飞扬
父爱　如兰　我送你一朵花
这是我对你最真挚的告白
兰花　如你　陪伴着我成长
守护着我飞扬

一天的“演员”生活

2022年6月

7日

阵雨

这两天累并快乐着。这段时间以来，关于四会兰花的营销创意，大家都提出了很多很好的建议，但我始终觉得，关于父亲节和父爱，如果有更多情感性的表达或许更能打动人心。前两天，南方农村报李金玺给我打了个电话，建议做一场全国首个兰花主题的父亲节云上音乐会，我觉得这是个非常好的建议，以歌寄情，更能与大众产生共鸣。

昨天和今天上午都是外出拍摄，为父亲节送四会兰花代言。

拍摄视频可以说是体验了一把演员的生活，也把我在师范院校的十八般才艺拿了出来。昨天一大早就前往肇庆市录制《父亲》音频，下午赶回雅兰芳拍摄父亲节打call视频。今天也继续赶场，一大早从肇庆赶回江谷镇清心雅园拍摄四会兰花代言视频，路上还不停对接6月10日启动仪式的细节，没想到早餐还来不及吃几口，就已经到了。由于时间紧，拍完要赶回市委市政府开会，只能让化妆师帮我化妆的同时，趁着嘴巴空闲扒拉几口早餐。

唱歌、背台词、写钢笔字、朗诵……这两天的兰花代言视频几乎把我所有的潜力都激发了出来，感觉又回到了那段为事业拼搏的青春时光。

拍摄完已经是下午3点多，来不及休息，换回了便装，便踏上了回市委市政府的车。

下午的筹备会议召集了与启动仪式相关的十多个部门的负责同志，包括公安、卫健、融媒体中心等。会上，我们把活动议程逐一讲解，并让参会人员针对自己负责的部分提出疑问，我们再逐一解答。整个会议下来，大家达成了一个共识：这个启动仪式是四会兰花“12221”市场体系建设中的一个重要节点，也是一个向全省、全国乃至全球推介四会兰花的好机会，大家将全力以赴做好筹备工作，确保6月10日启动仪式顺利举行！

天道酬勤，力耕不欺，只争朝夕，不负韶华！

唐莹出镜《以爱之名，赠父幽兰》四会兰花宣传片

天下大事，必作于细

2022年6月
8日

雨

四会兰花“12221”市场体系建设启动仪式就在后天了，迫在眉睫，实在放心不下。

由于昨晚下了一场暴雨，多个水库的水位有明显的上升，早上我先带着相关的同事前往水库检查防汛工作，回来以后又全身心投入落实启动仪式的相关事项。今天的主要任务是落实落细6月10日启动仪式的细节和流程。

从今天开始，专班同事分两路走，一队同事对接双创中心的清场、设计布景等工作，另一队同事则前往雅兰芳布置启动仪式的会场。

下午3点多，我到雅兰芳跟专班同事汇合，了解舞台搭建的进度，检查雅兰芳基地的兰花摆设等。考虑天气、疫情等因素，我们还专门叫来了相关部门实地检查，不放过每一个细节，确保零差错。

细节决定成败。待明天启动仪式的舞台搭建完成后，我们还要再走一次流程，逐一把流程落实落细。

也是在今天，“父兰”礼盒正式出炉了！普通、精品和高端三款蓝色并印有“父爱如兰”logo的礼盒，用通俗的话就是“高端大气上档次”，既突出了兰花标识，又展示了四会元素，很符合四会兰花的“父兰”定位。之前我还很担心兰花礼盒能否在启动仪式当天如期亮相，在会上也多次交代了艺敏要抓紧时间推进，小姑娘果然不辜负我的信任，效果呈现得不错。我们不能只着眼于短期效益，要把眼光放长远，要看到四会兰花品牌成功建立后，将会转化为源源不断的生产力，兰花礼盒只会生产得越来越多，兰花只会卖得越来越好！

兰花礼盒

唐莹与相关同志前往水库检查防汛工作

明天就是启动仪式

2022年6月
9日

雨

今天是启动仪式前至关重要的一天。

今天主要工作任务是检查6月10日启动仪式的两个会场的布置情况以及检查议程、修改讲话稿、落实出席领导名单等。

前两天，我交代专班艺敏和惠英负责抖音花卉绿植孵化中心的布置。作为全国首个抖音花卉绿植孵化中心，它的进驻将成为四会兰花最重要的中转平台，实现“父爱如兰”从流量到市场的转化。明天就要“大考”了，不知道基地布置如何？参加完早上两个会议后，已经11点多了，趁还有时间，我便迅速赶往双创中心看看。前两天的双创中心还是空荡荡的，今天已经灯火通明，发生了翻天覆地的变化，企业从前台、展区到直播间，都是忙碌的年轻人。我很惊喜也很满意。

看到我来了，艺敏和惠英跑过来跟我说：“唐副书记，我们做了很多很‘2’的事情，2天腾出1600平方场地，2次更换广告公司，2人成为基地的临时工，2天完成了场地布置。”这幽默的“2”，是这两个小姑娘把我的想法做成了，我相信，明天这里会让所有人眼前一亮。

下午3点多，我开始驻扎在启动仪式的筹备现场。会场已布置完毕，接下来就是彩排仪式了。整个彩排过程还是挺顺利的，主持词、歌唱演员的舞台站位等在这次彩排中都作了细致的调整，用了一个多小时走完全流程，我也安心下来了。

彩排结束后，我跟专班同事、石狗镇相关负责同事一起吃了个工作餐。我知道这段时间大家也辛苦了，明天是重要的一天，趁着今晚，我也给他们加油鼓劲，我们已经扭成了一条绳，形成了强大的合力，相信明天的活动一定会顺利进行！

多家媒体今晚都推出了明天启动仪式的直播预告，朋友圈几乎都是明天启动仪式直播预告的推文。

如今，万事俱备，只欠东风。今晚我要早早睡，期待明天的到来。

加油！晚安！

四会市双创中心的花卉绿植直播孵化基地

“中国父兰之乡”脱颖而出

2022年6月
10日

雨

今天是充满成就感的一天！筹备已久的四会兰花“12221”市场体系建设启动仪式终于要在今天早上举行了。

我内心一直很兴奋，早早就起来了，收拾收拾就往会场出发了。早上9点多，仪式还没开始，领导嘉宾已经差不多到齐，我们在会客室开了个小小的座谈会。

走到主会场，我趁机邀请领导们为我们四会兰花录制打call视频。有他们帮我们四会兰花打气鼓劲，四会兰花一定能“出圈”大卖。

上午11点，启动仪式正式开始！一路下来，整个过程都非常顺利！活动仪式以一首四会的原创歌曲《父爱如兰》拉开帷幕，两位音乐老师、一群舞蹈学生的沉浸式演绎让在场嘉宾沉浸其中。

这个节目的表演主要是专班曾敏怡负责对接协调的，听她介绍才知道这个节目的成功表演来之不易，因为我们《父爱如兰》这首歌6月5日才出炉，时间非常紧迫。“屋漏偏逢连夜雨”，一开始我们想要让小朋友来演绎这首歌曲，但由于启动仪式提前到6月10日周五，小朋友们都要上学，就不能参加我们的启动仪式了。在这个时候，敏怡他们提出让音乐老师来演绎《父爱如兰》这首歌再加以伴舞，效果应该不会差。我也采纳了这个建议。

果不其然，今天的表演十分给力，我留意到肇庆市委秦波常委也鼓掌称赞，说这首歌做得很好，歌词感人，旋律动听，且容易传唱。我要给专班打100分！

启动仪式结束后，伟忠书记带着我陪同各位领导到全国首个抖音绿植孵化中心参观，并与花农就地进行了一次座谈会。省农厅分管负责人在座谈会上多次赞扬我们四会有执行力，短短十几天时间，四会兰花“12221”市场体系建设工作便初见成果，四会确实有一支了不起的队伍。

会上陈东副厅长细细了解了花农的诉求之后，要求我们梳理花农的普遍性诉求、根本性诉求、迫切性诉求、特殊性诉求，要求我们与花农一起应对、一起面对。好一个“四个诉求”，好一个“一起面对”，一起应对，这样我们与花农就真的是心连心、手牵手了。

会上，陈东副厅长谈道，现在的四会兰花名声在外，接下来如何再出发？一是不怕名声大，要让名声更大，国内外线上线下的宣传推广不能停，要让每一位四会人都肩负起宣传推广四会兰花的责任，让四会人成为四会兰花的营销大使，要发挥好四会融媒体中心的作用，为四会广大干部群众提供宣传推广的文案视频。二是要种好兰花，用好产品、好质量去回报花友对四会兰花的万千宠爱。三是要全力以赴，要全力建设、拓展线上线下市场。四是要创建四会兰花出口基地，推动四会兰花走向世界，与全球共享。五是要开发四会兰花衍生产品，譬如兰花香精、兰花茶、兰花点心、兰花服饰等等。六是要培育兰花种植大师、兰花营销大师、兰花文化大师等。他最后还特别出了一道大题：四会能否培育出兰花的上市公司？这一切，让我们目标更加清晰。

打铁要趁热！跟几位领导吃完工作餐后，我赶紧叫来了专班同事集中到会议室，传达座谈会上陈东副厅长的工作要求，并部署6月13日至6月19日（父亲节）攻坚阶段的工作任务。

今天是值得被好好记录的一天！今天我的朋友圈又被刷爆了，整个朋友圈都被我们的四会兰花亮屏广州塔的视频占据了，我们又打了漂亮的一仗！

空余的时间里，我跟专班同事聊天，总结了今天的种种情况，对他们给予了肯定。陈绍基在启动仪式上跟梁景宽在后台协调，在活动过程的一个小时里，绍基看到景宽紧张得像个等待高考成绩的孩子，全程表情凝重，不言不语，生怕节目演出有半点差错。大家都知道景宽作为四会组织活动“第一人”，这是一种强大责任心的体现，我一直相信我看人的眼光，他们都是棒棒的，今天，伙伴们辛苦了，衷心对你们表示感谢。

天下无难事，只怕有心人。期待四会兰花在父亲节大放异彩！

广东四会兰花“12221”市场体系建设启动仪式

唐莹与新农人陈慧开展以“父爱如兰，用兰勇敢表达爱”为主题的电商直播

会种会卖的新农人

2022年6月
11日

晴

想起昨天的启动仪式，我的内心依然很激动，令我印象最深刻的是新农人陈慧饱含真情，含泪献上《给父亲的一封信》，她娓娓道来的话语回忆了与父亲创业路上的点滴，感动了现场的每一个人，也令我想起了因工作忙而半年没见面的父亲。

我是土生土长的肇庆农村妹子，我的父亲曾经当了33年的村支书，我也因此深知农民的不容易。参加工作后，我曾在乡镇当过镇长，有很长一段时期从事基层青年工作，面对父老乡亲、兄弟姊妹，我有一种天然的亲近感。

陈慧是肇庆近几年成长起来的新农人青年代表，她会种会卖，不仅把贡柑种得很好，还利用互联网把柑橘卖到了全世界，这给我启发很大。

今年，我们在四会搭建起双创中心，吸引了一直在深圳做电商直播卖兰花的凌伟彬返乡，这也了结他爸爸凌俊杰的一大心事：儿子终于回来创业了。

五年前，凌伟彬跟随父亲来到四会，并成为四会兰花电商直播第一个吃螃蟹的人，在他父亲的花场开设了10个兰花直播室，开始探索兰花直播销售。直播电商越来越火，他又到深圳成立了抖音花卉基地，每年成交额超300万元。这次的兰花推广，我觉得要壮大兰花电商销售规模，像凌伟彬这样的本土新农人一个都不能落下。我主动联系了凌伟彬，并协调场地布置，终于把他吸引回来，在四会成立抖音花卉绿植孵化中心。

我想，我们四会要继续培育更多像凌伟彬、陈慧这样的新农人，既会种又会卖。四会地处大湾区腹地，经济基础好，对人才有很强的吸引力，接下来，我将力推新农人相关扶持政策出台，培育一批农业带头人，利用好四会当地的开放大学，孵化出更多新农人，同时，吸引更多新农人回乡创业，在四会乡村振兴事业中成就自我。

附文：《给父亲的一封信》

敬爱的爸爸：

四会兰花，让我有这么一个机会给您写封信，说说心里话。这封信，很有意义。

这封信见证了我和您一起在农村大地上撸起袖子加油干的十年光阴。

这封信也见证了我们对美好生活的向往、对事业的坚守、对祖国的感恩的长情。

没有您对我悉心的培养，我就没有今天健康的身体、积极的生活态度和坚韧不拔的工作精神。

我小时候，您忙于工作，和您相处的时间真的不多，但只要您一有时间，您都会陪我，就连我的头发您也说要负责剪，总想着把最好的给我。

2012年那一晚，我和您坐在广州家里聊天，您问我快毕业了有什么打算，我很坚定地说："爸，我陪您一起到农村创业去。"其实那会儿我看到您红了眼眶。可您不知道，我很心疼您，下海经商十年，您老了许多。

想到2016年长夏在莲花山基地，您为了救那批刚种下一年就变黄了的果树，中暑差点晕倒在树丛中，那一刻，我很担心也很自责。我在想我自己的定位，到底应该怎样才是帮到忙而不是帮倒忙。

记得2018年春天，当时您担心我们不同意您再投入到攻克果树黄化难题的工作上，跟我们说了很多农村广阔天地的美好，不想我们跟着吃苦，也用有限的资源为我和妈妈打造别致的小农庄。爸，其实您多虑了，我们百分百支持您去干好、干成这件事。我认为这是能为百姓、为我国农业高质量发展贡献力量的一件事。而我也逐渐找到努力的方向，如何把您的科研成果转化，实现价值最大化，我想，那就是让更多的人了解现代的生态农业，品尝高品质的农产品，享受幸福的农业生活。

爸爸，谢谢您，能和您一起肩并肩走过来，闯出来，拼未来，我感到很幸运，很幸福。您睿智冷静，坚韧不拔，就像您名字“陈朴”一样，艰苦奋斗，朴实无华。您言传身教，在您身上我学习到敏锐、不骄不躁、勇于创新的精神。您也一直教导我，要具备共产党人“敢为天下人先”的品质和长征精神。认准方向，脚踏实地，干出成绩，成就无悔人生。

人们常说，父爱如山，爱之深沉。我想说父爱如兰，爱之真切。今天很开心能来到四会，四会是一座历史名城，环境优美，气候宜人，难怪这里的人们如此善植兰花。兰花是花中君子，象征手足之情，象征高洁不屈，象征家国情怀。爸，在父亲节这个特殊的日子里，我想送一盆兰花给您，同时也向所有的父亲致敬，你们是家之顶梁，有家才有国，祝福天下父亲，身体健康，心想事成。感谢四会，感谢四会兰花。

爸，父亲节快乐。

女儿：陈慧

扫一扫，观看《给父亲的一封信》

我成为“兰花书记”

2022年6月
12日
晴

昨天我的兰花代言视频在网上发布后，直至今天，朋友圈仍在不停刷屏，传播效果超乎我的想象。《以爱之名，赠父幽兰》，这是我第一次拍摄农产品代言MV，一开始我对从幕后走到台前曝光是有顾虑的，但是这次的反馈彻底改变了我的想法。

通过我的四会兰花代言MV，很多人认识了四会兰花，不少人赞誉我为“兰花书记”。同时，这个视频也让我有了种种机会和场合认识到推动兰花营销的关键人物，比如胡润百富榜的胡润先生，中国农业大学校长孙其信教授，中山大学儿科医生、知名公益人士王花博士等。经过我们的诚挚邀请，成功打动胡润先生、孙其信教授为四会兰花代言打call，王花博士更是有感而发，主动提笔写下自己与父亲的过往。

“It's beautiful！”我在和胡润先生的线上交流互动中，发现他对我们提出的“父爱如兰”非常认同，我感到非常高兴！因为我们中国式花语得到了国外知名人士的认可。中国兰，国际兰！

线上造声势，线下汇资源，我想，这就是“12221”营销方法论的内涵之一。我认为，在推进兰花营销的同时，要更注重资源的整合和平台的搭建，特别是渠道、零售及社区团购资源，产区政府和企业要“走出去”和“引进来”。

兰花书记

扫一扫，观看《以爱之名，赠父幽兰》MV

叫好又叫座

2022年6月
13日
雨

昨天我们四会市的公交站牌穿上量身定做的“新衣”——父爱如兰的海报，针对这项新变化，我还交代了敏怡要对接好四会市融媒体中心，务必把宣传氛围铺开。不负我所托，今天“四会发布”微信公众号等平台已经推送了相关的文章与视频，本来大家不留意的站牌，瞬间因为我们的宣传成为大家的焦点，全市的“父爱如兰”氛围更加浓厚了。

按照工作安排，今天上午要前往广州到省农业农村厅参加广东&京东线上座谈会，下午要跟专班同事会商交代接下来的工作任务。

这一趟广州行，除了跟省农厅分管领导汇报父亲节推四会兰花项目的推进情况外，另外一个任务则是跟京东集团细化对接京东的销售资源。会议上，省农业农村厅分管负责人诚恳地拜托各位京东小伙伴在接下来的6天时间，争分夺秒地把他们更多的能量倾注在四会兰花，给四会花农最大化的支持。我在会上向京东的小伙伴再次推介四会兰花，并表达了对省农业农村厅和京东集团对四会兰花的销售渠道给予鼎力支持的感谢。

工作午餐期间，再次跟京东集团的陆总达成紧密合作的共识；还结识了中国农业大学孙其信校长的女儿，并成功邀请了她为我们四会兰花代言，父亲节请她给她爸爸写信和送四会兰花，细节决定成败，要把这些事情一一落实和确认。

午饭后，我赶回了四会跟专班同事召开会商会，主要是总结6月10日启动仪式好的做法，以及研究接下来这一周的工作任务。6月10日，我们已经借助节点打响了“父亲节送四会兰花”品牌热点，紧接着这一周最主要的任务就是拓宽销售渠道和提升销量，这也是我们的最终落脚点——花农致富，创收乐开花。

会上，我再一次跟负责对接市场的惠英、邵基确认各大线上线下的销售渠道的销售情况，他们告诉我，四会兰花已成功上线共青团广东省委，以及京东、拼多多、邮政、淘宝、粤省事、抖音、农博会等平台一段时间了，随着活动逐步推进高潮，销售量呈上升趋势，其中拼多多平台从5月27日到今天，短短20来天，兰花销售额就超1000万元。听到汇报后，我就叮嘱他们，要紧盯各大花农龙头企业，四会兰花的质量、数量和包装都是须细心跟踪落实的细节。

一步一个脚印，瞄准目标，一定成功！

广州市的公交站牌也穿上了四会兰花的“新衣”

附文：《献给校长父亲：爸爸，我和小麦都是您的孩子》

他是我的爸爸，通常他都很忙
海外留学时，通过跨洋电话
我常问："爸爸在家吗？"
妈妈总答："上学校去了。"
抑或是"下地看麦子去了"。
感觉这就是他的全部
异国他乡，我有点失落
可后来，才从我妈那知道
他回家的第一句往往是
"今天女儿打视频来没，咋样？"
想笑，明明默默地在意我
还总是不流露
或许，他用他自己的方式
隐忍地，严厉地，又用力地
爱着我吧

● 哪个词最能代表他？

毫无疑问："小麦。"

假如用一个词来形容我爸，首先想到的就是——"小麦"。别人肯定好奇，哪有这样形容人的。可在我的记忆里，从翻看他求学时的照片，到如今他已年至花甲，几十年来对小麦的热爱不仅丝毫未减，反而与日俱增。你说平时工作那么忙，端午、五一、十一总该歇歇吧？可他偏不，他总会在麦子地里泡上大半个假期，哪怕整天下来，拖着"脏兮兮"沾灰带泥的裤腿回来，可脸上洋溢着的却是最开心自豪的神情。

我还记得，小时候经常看到父亲在读英文学术文章，那些当时我还看不懂的字符，都是有关他心心念念的小麦，这么多年来，现在他依然坚持这一习惯。学术圈的人也许知道，遗传育种像是一种"单向的奔赴”，有人穷其一生也不一定能选育出一个稳定优良的作物品种来，可他们仍一如既往，只争朝夕。每每看到他如饥似渴地去搜索了解当今世界有关小麦最新最领先的动态时，或者在麦田里弯着腰，垂着手细细观察时，我感觉这就像慈父对待自己孩子一样，看在眼里，捧在手里，深爱在心里。

● 时光记得，5348次弯腰与握手

和除夕夜与大家一起包的饺子

又是一年毕业季，让我不禁回想起2015年。那一年我爸爸因为“5348”的数字，小小地“火”了一把。

5348，是那一年西北农林科技大学毕业生的数量，当时作为西农大校长的父亲，为所有应届毕业生逐个授学位，颁发5348份学位证书筒，5348次弯腰引导，5348次合影，5348次握手祝福，连续两天的毕业典礼仪式给毕业生们留下了最难忘、最深刻的印象。虽然作为女儿的我，很心疼他一天十几个小时的站立弯腰和随之而来多天的不适，可换位思考，我也会很感动，因为那是属于5348位学生离开母校时，独一份，亲切又高光的时刻。

我在国外读书那几年，每年大年三十，爸爸都是在陕西度过的。为何不跟妈妈一起过年呢？春节就应该是跟家人一起共度的时刻呀，这是我一度真实的疑惑。后来我知道了，原来每年因为各种各样的原因，西农大的除夕夜总会有学生留守学校，而爸爸就会留下来跟他们一起包饺子，给他们发新年红包，是啊，春节就是跟“家人”一起过嘛，这些留校的学生也感受到了家的感觉。

● 我是他的影子

希望成为善良、独立、正能量的人

刚结束的5月，北京的新冠肺炎疫情反反复复。那天早上爸爸正常上班去，结果中午小区通知进入管控区，只进不出，回家就意味着不知何时才能再出去。我爸他当机立断，住学校！他办公室那张小小的行军床我是见过的，睡起来肯定不舒服，而且这一住不知是几天。那天我就反复给他打电话劝他回家住，可他态度很坚决：“事情很忙，不能离开学校。”正如2020年新冠肺炎疫情最严重的时候，他也放不下学校那些事，每天坚持两点一线，奔波在校园里。“哎，这么大岁数人了，还折腾自己。”我心里这么想却又触动很大，严格要求自己，大概是我从他身上学到的。

很多人对我的评价是比较随和，能很快融入集体。其实不怕告诉大家，我生在海淀，长在海淀，22岁大学毕业前，甚至夸张地说都没有“走出过”海淀区，可毕业就飞去国外一待四五年。那段日子里，独自面对异国他乡的环境多少还是有不适应，可他故意很少联系我，为的就是磨炼我的性子，让我自己想办法去解决问题。事实证明，从中途回国时和现在正式归国后看，我的独立性确实成长很快，连他和我妈都承认，我不再是以前的那个我了。

孙艾与父亲孙其信

在父母多年的教导下，我的性格品性，或者说整个人的状态都是非常向善的。其实爸爸也曾流露出来，虽然对我严格，但培养我是他做过的最骄傲的事情之一，在他看来我是很“正能量”的，就比如我很少会抱怨什么，传播负面情绪，或者像一些同龄人身上“颓”和“丧”的气质，自己都很少会表现出来。这也正是他潜移默化中影响了我吧。

最后，父亲节就要到了。今年我给爸爸送了一盆兰花，他很开心很喜欢，还特意拍了小视频表达感慨。其实我也是个含蓄的人，虽然没有常把感情和倾诉挂在嘴边，也没有特别认真正式地向他表达过，但是还是想借父亲节之际对他说：感谢您用自己的方式关心、呵护和培养我。小时候的我不理解，感觉您过于严苛，长大了才能明白您的良苦用心。今天用这个机会向您唤一句：“爸爸节日快乐，我爱您。”

女儿：孙艾

亮相“小蛮腰”

2022年6月

14日

雨

今天特别难忘，前几天四会兰花在广州“小蛮腰”上大放异彩，直到现在，二次传播效果依然很强，视频仍在刷屏！想到四会每个人的手机都在传播“小蛮腰”上的四会兰花，我的心中按耐不住地开心！

四会兰花亮屏广州“小蛮腰”这个点子当初由南方农村报的小伙伴们提出来的时候，我给予了大大的肯定，因为在“小蛮腰”亮相，意味着我们的兰花能够真正地“出圈”，高度和广度都达到前所未有的“创举”，四会、肇庆，乃至广东、全国的人民群众都可以知晓“四会兰花”。我交待专班的健陶跟踪落实好这项工作，南农的小伙伴们也很给力，很快给出了在6月10日启动仪式和6月19日父亲节当天分别打出“广东四会兰花，父亲节，用兰勇敢表达爱”和“广东四会兰花，祝父亲节快乐”的标语加上四会兰花专属logo的方案，这让我十分期待。

确实，在6月10日启动仪式当天，四会兰花登顶“小蛮腰”的视频一发出，整个朋友圈就都被占据了！直至今日也仍在疯转，看到精心设计的标语和色彩斑斓的广州塔融合在一起，“今夜，广州塔的浪漫属于四会兰花！父亲节，就用兰花表达爱”——是的，说到我的心坎上了，这个夜晚专属四会兰花！大家忽然都觉得作为四会人很自豪，唤醒了身份认知，对四会兰花产业有种觉醒的感觉。有朋友还特意发微信跟我说，看到朋友圈大家转发四会兰花亮屏小蛮腰的视频，才知道原来四会兰花产业发展势头那么好，大大超出她之前对四会的认知。确实，很多人特别是年轻人都不知道原来四会除了玉器、砂糖橘，还有兰花这个产业，忽然觉得四会兰花是四会招牌。大家都觉得很自豪，有种觉醒的感觉。用陈文杰的话说，“找到了四会人的自信，兰花产业的自信，农业的自信”。

四会兰花亮相广州塔“小蛮腰”

《父爱如兰》唱响全球

2022年6月

15日

雨

今天，我们四会兰花又引爆了朋友圈！

距离父亲节还有4天，我们的时间越来越紧迫。事不宜迟，我立即调动起专班伙伴行动起来，对接好南方农村报，敲定云上音乐会的节目清单，落实演出人员等细节。兰花的销售，以及我们爆点的准备等每一项工作都迫在眉睫。今天早上和下午的时间都安排了调研与跟紧乡村振兴大擂台的工作，推进四会兰花在父亲节营销这个事情安排在午休以及晚上的时间。

趁着下午的会议还没开始，我赶紧到专班办公室跟进专班每个同事的落实情况，确保他们没有被难点卡住。

云上音乐会筹备至今已有10天。《父爱如兰》这首主题曲，如果是孩子用真挚的歌声唱出，应该是对父亲最好的表白了。所以，我们决定邀请四会市广播电视少儿合唱团进行演绎。由于临近期末考试，老师和家长有点顾虑，希望可以让孩子专心学习。但当家长们听完这一首唱给父亲的歌曲后，他们都感动了。时间紧迫，合唱团利用两个晚上进行了排练。今天在录制现场，专班的惠英问小朋友，你们知道这是什么歌吗？孩子说知道，这是唱给爸爸的歌！父亲节就要到了，你会唱给爸爸听吗？会！为什么？虽然我有时不听话，有点不乖，可是爸爸很爱我！最简单的回答，最真挚的表白，为暖心懂事的孩子们点赞！

也是在今天，我们的主题曲《父爱如兰》顺利上线。“父爱如兰，我送你一朵花，这是我对你最真挚的告白，兰花如你陪伴着我成长，守护着我飞扬……”目前《父爱如兰》已在酷狗、QQ音乐等海内外150多个音乐平台发行！这首歌一上线，就迅速引爆了我的朋友圈。歌词好记，旋律朗朗上口，相信以后传唱度会很高！接下来几天，我们要与各大运营商对接把这首歌设置为电话彩铃、微信铃声，把这首歌唱进每个人的心里。

天下难事，必作于细。面对时间紧、任务重的难题，我们现在唯一能做的是努力努力再努力，用心用情用力让花农的兰花大卖！

6月19日父亲节四会兰花云上音乐会上，四会市广播电视少儿合唱团演绎《父爱如兰》

扫一扫，观看四会市广播电视少儿合唱团演绎《父爱如兰》

兰花吉祥家族来了

2022年6月

16日

雨

今天的行程满满，忙碌并快乐着。

从早上8：30到晚上8：30，我的时间被调研和会议占满了，但我总会留足时间给四会兰花这个项目，因为这是重中之重。下午4点多终于可以专心地回到专班办公室落实四会兰花父亲节云上音乐会事宜。

下午4点多，趁着还没开始录制云上音乐会的预热短视频，我赶紧跟专班同事会商。音乐会的每个表演节目都已准备得妥妥当当，各大网络运营商对接顺畅，相信线上音乐会当天，我们会一鸣惊人，感动所有人！

今天下午，专班的健陶发微信给我说：中国父兰之乡——广东四会首创兰花专属微信表情包终于上线啦！这是由墨兰、蝴蝶兰、杂交兰、建兰化身的墨墨、蝶蝶、皎皎、健健组成四组表情包。对应的品牌营销口号是“父爱如兰·四水年华”“父爱如兰，用兰勇敢表达爱”。相应表情包一上线，我就赶紧转发给好友们，他们都赞不绝口，夸我们创意满满，专班的小伙伴积极转发，各个微信群用表情包接起了长龙。

成功的喜悦是短暂的，挑战总会一个接一个地来，我们需要做的是保持初心，为四会兰花的大放异彩竭尽全力。

以四会兰花主要品种为原型，设计出墨墨（墨兰）、蝶蝶（蝴蝶兰）、皎皎（杂交兰）、健健（建兰）四个IP

扫一扫，下载四会兰花表情包

更大的想法

2022年6月
17日

晴

今天在广州，参加《全哥有请》摄制活动和父爱如兰情感小沙龙活动，认识了三位正能量的朋友。

出镜《全哥有请》节目，我的主要目的是通过广东电视台著名主持人任永全的平台推广我们四会的兰花，任永全在行内的知名度很高，正能量且热心公益，影响力很广。一大早，我们就出发前往广州，一路畅通，十点多就已经到了省台。在化妆间，看到了全哥、陈贝儿、十二妹，闻名不如见面，他们都是年轻帅气貌美、谈吐得体、阅历丰富的主持人。

简单准备了一下，节目开拍了。这是一场简单的访谈，也是我向全广东乃至全国各地推广四会兰花的一个好机会。访谈开始，我跟十二妹分别介绍着乡村振兴发展情况，全哥和贝儿都对现在的乡村发展变化发出赞叹。这次访谈确实让人受益匪浅，贝儿《无穷之路》的经历分享、十二妹的家乡分享、全哥对乡村振兴的独特见解都让我受到启发。

6月19日父亲节活动的结束并不代表四会兰花产业的结束，而是又一个新起点。我们要顺应四会兰花产业发展趋势，做好RCEP（《区域全面经济伙伴关系协定》）对外营销工作，做好四会兰花卖向越南等RCEP国家的销售工作，为四会打造中国兰花营销中心打下坚实的基础。

努力付出的人总会有收获的，晚上9点半左右，全省“12221”一周战报出炉！我们的四会兰花一如既往地进入榜单，位居全省第二！

唐莹参与录制《全哥有请》节目

新的岗位

2022年6月
19日
晴

今天终于到了我们翘首以盼的父亲节！

晚上8点多，广东四会“以兰之名·为爱而歌”献给全天下父亲的云上音乐会以100万的观看流量完美落下帷幕。

借此，广东四会兰花“12221”营销体系以漂亮的成绩单交给四会花农一份优异的答卷。

今天陆续收到花农、乡贤、专班、省媒体和省市有关领导的表扬和肯定。一个在四会从事翡翠行业的同乡发来信息说“你宣传兰花家喻户晓享誉中外，一下子比四会几十年的翡翠产业还出名！期待你下一站宣传翡翠”。做一行爱一行，既然能从事乡村振兴工作，我就会尽自己的绵薄之力服务“三农”，把四会农业做出名气。

“人事有代谢，往来成古今”，虽然外界的传闻一直纷纷扰扰，但我一直都保持初心，做好本职工作，直到昨天接到伟忠书记的通知，我将转岗至肇庆市农业农村局负责乡村振兴工作。突然接到转岗通知，虽觉意外，但坦然接受，我想这大概是因为我这次负责推介四会兰花有成效才做出的安排吧。

新的岗位与我的初心都是为“三农”服务、为人民服务，也正好把我这段时间推介四会兰花的经验做法推广到全市。整个晚上电话和信息不断，还收到了花农的多条信息，其中一条极为感动：“唐书记，真的非常感恩您对四会农业、四会兰花产业的无私奉献。这次您亲自谋划和组织了把四会兰花作为父亲节之花的系列活动，取得巨大成功，把四会兰花品牌推向了全国，甚至是全世界，销量也大幅增长，真的非常感谢您，我们也很不舍得您，希望您保重身体，继续发光发热！”花农增收致富了，这一刻觉得再多的辛苦也值了。

是啊，50多天以来，我和专班同事风里来雨里去，白加黑，无数个不眠不休的日子，借助父亲节推介四会兰花，打响了四会兰花品牌。

铁打的营盘，流水的兵，我在四会的工作要谢幕了。心有万般不舍，事有千项未干，我只有在新的岗位上、更高的要求上、更高的境界上去努力、去发声、去服务！接下来，我要总结经验，梳理思路，探乡村振兴新路径、拓新农人回乡创业路，助肇庆各地农业亮牌！

6月19日父亲节，四会兰花云上音乐会主创及执行团队来自南方农村报

花农乐开花

2022年6月

20日

晴

虽然父亲节已过，但我们的脚步没有停歇！

这次“父爱如兰”系列活动成功打响了四会兰花品牌，这两天陆续有其他地方的花农发信息联系我，希望可以在四会这片热土开出绚丽的花朵，名声大响的四会兰花吸引了他们慕名投资。四会——四水相会，四会一直秉承海纳百川的胸襟，欢迎并吸引着四面八方、五湖四海的朋友到四会创业。

善始善终，以终为始。今天开始，我们要休整总结，重新出发。我总结四会兰花“12221”市场体系建设近两个月的得与失，梳理提炼逻辑规律，打造可复制、可推广的四会兰花“12221”模式：一是积极探索创建中国四会兰花国际交易中心，大规模培育既会种兰更会卖兰的数字花农，培育兰花龙头企业，创建兰花出口基地，携父爱如兰之风，启动“四会兰花出口月、RCEP月行动”计划；二是启动四会兰花现代农业产业园筹建，创建兰花种业中心、兰花种植领头雁基地、评选兰花种植大师，以种好兰推动卖好兰；三是优化提升兰花“剧本控”，发展兰花露营文化，发展兰花文化系列产业；四是逐步把兰花“12221”复制推广至砂糖橘等产业，以一枝独秀促满园春色；五是总结表彰兰花“12221”专班贡献者，培育产业建设团队与能手；六是以兰花“12221”市场体系建设及RCEP出口，掀起四会兰花品牌宣传、营销营运新高潮。

总结会前，我专门叫了曾富荣到办公室交代一些后续的工作，小伙子是乡村振兴局常务副局长，接下来的四会农业产业发展还需要农业农村局继续推进，交谈中，他说道："作为此次'父爱如兰'兰花推介活动专班人员之一，深刻体会到了营销策划对农业产业发展的重要性，学到了如何全方位运用各种各样的载体和资源去赋予农业产业新的价值，其实这次兰花12221的经验完全可以复制推广至四会其他特色农业产业发展，如砂糖橘、澳洲淡水龙虾、阳光玫瑰葡萄等。"

众所周知，一个物品既有本来价值，也有象征意蕴：前者可替代者众，后者却很难被取而代之，这种独特价值的锚定，很大程度上是通过文化的手段，经由时间的沉淀积累而成的。从这个角度来看，我们应该立足特色农业产业的资源禀赋，深度挖掘它们背后的独特价值，通过文化的手段推广我们的农产品，从而创造一个新的销售旺季，联农带农，带动农户致富增收，实现乡村振兴！

海内存知己，天涯若比邻。下午的总结会上，我也跟专班同事分享了我即将转岗的事，以及安排了接下来专班同事要交接的工作，包括省农厅分管负责人交办的工作任务、RCEP出口工作等。正如省农厅分管负

四会花农乐开花

责人所说“干与不干，是不一样的”，一群人，一条心，一起努力！如今，四会兰花已成功“出圈”！兰花销量上去了，价格上去了，四会城市影响力提升了。疫情之下，四会兰花淡季热销，愁锁眉头的花农喜上眉梢，花农心中又乐开了花！

这两天，我们四会兰花的热度，一直在微信热度指数中排在全国同品类第一名。我朋友圈的点赞和留言是以往的几倍，同事们说父亲节当天，四会的大排档、饭馆、酒店生意爆棚，一房难求。父亲节，我们四会兰花唤起了广大市民对父亲的感念，父亲节送四会兰花更是一场公众参与、以文化激活乡村产业的生动实践。

心中纵有万般不舍，但天下无不散之筵席，相信往后在乡村振兴道路上还会与这群能干的小伙伴再次同路！我们的故事未完，待续……

梁超文日记

“三农”工作者土不土，农产品潮不潮，关键就得看我们用什么方式做农产品营销。

梁超文

- 广东佛山人
- 2008年　参加工作
- 2020年至今　广东省农业对外经济与农民合作促进中心数字会展科副科长
- 2022年至今　广东兰花产业“12221”市场体系工作小组组长

从焦虑到开心

2022年5月
9日

晴

今天，对我而言发生了一件“大事”。我这个小小的干部，被“提拔”了。夏天，历年来是兰花的销售淡季，受疫情、经济下行等种种因素的冲击，对于广东的兰农来说，市场惨淡如云。为了打破这种困局，广东省农业农村厅组建全省兰花“12221”市场体系建设工作小组，加快推进广东兰花高质量发展，并结合父亲节时间节点，打造“父爱如兰”系列兰花营销活动，由我担任本次兰花工作小组的组长。

接到这个任务的第一反应是：“我能行吗？我能做好这个工作吗？”我有压力，而且“压力山大”，但骨子里不服输的那股劲，还是盖住了内心深处的胆怯与不自信。每逢内心不够坚定的时候，我总想起这句话：“生命只有一次，要么成就，要么将就。”有时候我们会把困难或未知的事情想得比天大，但假想我只有24小时的生命，这些困难又算得了什么？一点点地做好心理建设以后，我告诉自己，一定要用有限的生命去做无限有意义的事情。

“父爱如兰”系列营销工作，就是让人眼前一亮又特别有意义的事情。我们常说“父爱如山”，这个观念源远流长。扭转众人的传统印象，把父爱和兰花结合，以“父爱如兰”为新主题，推动兰花营销工作，让广大消费者发生新思维的转变，将会是未来营销工作的重点。

兰花工作小组

2022年5月
10日
雨

昨天被宣布担任兰花工作小组的组长，我紧张得一夜睡不好，好担心自己不能顺利完成任务。迷迷糊糊中，我想明天一定得找领导多要点资源才行。

第二天，单位领导——广东省外经农合中心丘志勇主任，让中心几位年轻人一起加入兰花工作小组，丘主任让我每个科选一个年轻人，提供一份名单给他。经过与几位主任的沟通，兰花工作小组总算招来第一批“精兵强将”：杨铭、刘倩、夏楠和万方芳。杨铭擅长主持、配音，英语书面语口语俱佳；刘倩是融媒体的骨干，拍摄和制作视频都非常厉害；夏楠考过了二级笔译，是专业的英语翻译；万方芳是中山大学计算机系高材生，数理、互联网、计算机都是她的强项。

下午我把小伙伴召集在一起开了个短会，给大家介绍了这项工作的背景和目的，大家摩拳擦掌，准备大展拳脚。现在我们兵马就位，马上要大干一场了。

广东兰花产业“12221”市场体系工作小组合影

附：广东兰花产业“12221”市场体系工作小组名单

广东省农业对外经济与农民合作促进中心　梁超文
广东省农业对外经济与农民合作促进中心　万方芳
广东省农业对外经济与农民合作促进中心　杨　铭
广东省农业对外经济与农民合作促进中心　夏　楠
广东省农业对外经济与农民合作促进中心　刘　倩

两支兰花队伍集结

2022年5月
11日
雨

今天，四会市委副书记唐莹带队来厅里开工作对接会。我们厅兰花工作小组和四会兰花工作专班，两支“兰花军”，总算是“集结”了。

第一次见到唐莹副书记，第一感觉：这是一位又漂亮又爽朗又有能力的大姐姐。以前大家总觉得搞农业的人又土又不起眼，但现在已经完全不一样了，特别是“12221”市场体系建设的成功实践，让越来越多的行外人感受到，农业也可以很“潮流”、很“酷炫”，“三农”工作者也可以很青春靓丽，因为我们所做的工作，虽然辛苦有挑战性，但又很“好玩”。

成立兰花工作小组后的这几天，我一直在思考，我们能在40天时间里完成这项超乎想象的任务吗，把“父爱如兰”这个突破传统的IP一炮而红地打出去吗，我们能打赢这场胜仗吗？

带着忐忑的心情，我参加了今天下午的会议。会议上，陈东副厅长提出要把兰花品类与父亲特质结合起来做深入的文化内涵推广；要树立兰花标准；要借着RCEP的机遇，实现四会兰花国际化等要求。

会议来了很多合作单位，广东新华网、南方农村报、羊城晚报、珠江经济台、广东新浪、一亩田、玖的文化、春丰天集以及四会的兰花企业等公司组成智囊团，他们对四会兰花“父爱如兰”的策划案很感兴趣，都觉得这是一个绝妙的营销点子，可以组合搭配很多好玩的营销手段。畅所欲言的会议气氛，让我迷茫与忐忑的心情很快平复了。有着厅领导的正确指导和大力支持，有着众志成城的决心和集体的智慧，这一仗，肯定能打赢。

“一把手”工程

2022年5月

12日

雨

刚刚收到了唐莹副书记的工作短信，她说刚才在检查防汛工作，所以回复晚了，我看着手机时间，已经是深夜23：35了。

这周广东大部分市县遭受暴雨洪涝灾害，全省防汛形势异常严峻，我们每天看着各地的防汛新闻，都能感受到各地基层政府的责任重大和工作繁重。有人曾调侃过基层干部是“干、干、干，白加黑和五加二”“累、累、累，昏天又黑地”，尽管如此，四会兰花营销工作还是有条不紊地进行着。

为了挖掘“父爱如兰”的文化内涵，我们准备策划一系列美文、摄影、短视频等征集活动。给力的四会市政府已经号召了全市诗歌协会、作家协会、中小学和党政机关等有关单位，共同参与本次活动。

农产品品牌建设和营销推广活动，这几年全省搞得如火如荼，但举全市之力来参与本次“父爱如兰”营销活动，四会市是“独此一家”。在此，我真的很佩服四会市委书记李伟忠的魄力与智慧。四会市政府把四会兰花品牌作为“一把手工程”来建设，统筹全市资源和力量，绘画出全面清晰的发展蓝图，设定当下的坐标和未来前进的方向，把四会兰花这个区域品牌变成农民增收致富、乡村振兴的有效载体。

这些天发现自己身边有那么多“好帮手”，更加相信，这事情肯定砸不了，只会越办越好的。

企业真难

2022年5月

13日

阴

四会兰花企业雅兰芳公司的潘总打电话给我，想找广州做产品包材的公司，本次四会兰花电商要统一价格，统一标准，统一包装，统一营销推广，统一销售平台，统一物流。四会兰花以往一直以线下销售为主，希望趁着本次“父爱如兰”的营销，打通线上销售平台，为此四会兰企首先要研发出又好看又能邮寄的兰花礼盒。

与潘总的沟通中，我深深地感受到疫情对兰企的冲击实在太大了。广东人喜欢兰花，每年春节，大部分广东人都会买几盆姹紫嫣红的兰花放家里，既高雅，又喜庆。2020年新冠肺炎疫情突如其来，往后这三年，广东的春节花市都不开放，兰花最重要的销售旺季和最大的营销市场受到严重打击。以四会石狗镇为例，全镇种植兰花面积5000多亩，兰花种植企业有62家，往年兰花年产值4.5亿元，兰花一旦滞销，就影响全镇人的生计。受疫情影响的乡镇又何止石狗镇，所以省农业农村厅推动“12221”农产品市场体系建设，目的就是帮助乡村特色产业高质量发展。

闲聊之中，潘总说之前并不关注市场体系建设，也不知道“12221”是什么意思，然而，前天的座谈会，他听了既受启发又很感动。以前他们经营兰花企业，只想着怎么把兰花种好，总觉得“酒香不怕巷子深，花香自有赏花人”，然而经历了这次疫情，才发现以前的经营模式太脆弱了。前天会议上厅领导提出的观点，要把市场挺在生产前，要明确了解消费者的喜好，生产符合消费市场的产品，才是解决滞销的最根本途径，这一点简直让他醍醐灌顶，大受启发。

对于潘总的话，我也深有同感。我们要拓宽四会兰花市场，把四会兰花产业做大做强，归根到底就要建立深入人心的四会兰花品牌，挖掘四会兰花的品牌文化，用品牌文化促进兰花价值跃升，让品牌文化成为强大生产力。

“6月一直都是兰花销售淡季，本来市政府提出要搞营销活动，我是没什么信心的，但经过上次的座谈会和这段时间跟大家的接触，我也变得很有激情和干劲。”潘总最后对我说了这番话。

撸起袖子加油干吧，号角已吹响，战鼓已擂动，我们已经迫不及待去奔跑了。

四会兰花企业雅兰芳总经理潘启明介绍四会兰花

用兰表达爱

2022年5月

14日

雨

说起来每年母亲节，我们都会给妈妈精心准备鲜花和礼物，而老爸的节日，我们花的心思太少了。最近每逢开四会兰花营销工作会，男领导和男同事们都会特别投入，积极出谋划策，我会暗暗地想，是不是广大男同胞们都跟我老爸有同样的“遭遇”呢，可见父亲的节日礼物是一片蓝海市场。

所以这次我们抓住父亲节这个营销节点——引导大家买四会兰花送给爸爸们——“用兰花表达爱”，这个营销策略就有了落脚点。

不过我是真没想到，不到一周的时间，四会已经把八款定制礼盒的款式全部确定下来，“兵贵神速”。这几天，跟四会唐莹副书记及四会兰花专班的同志们接触，我深深地感受到他们的工作热情和对兰农的真切关怀。对一些人来说，“农民的兰花不好卖”这句话只是几个字，然而这背后是花农家庭一整年的生活费、孩子的学费、老人的药费都捉襟见肘，所以衡量本次兰花营销工作成功的标准就是兰花销量是否大幅度提升。

未来我们要做的工作还有很多，还要多和兰农们沟通，了解兰农们的现状和需求，尽力打通兰花上下游供应链。

天下难事，必作于易；天下大事，必作于细。要达成本次四会兰花营销的成功，我们需要一步一个脚印地把手头上的事认真做好，积跬步而至千里。而如今，我们已经迈出成功的第一步了。

父亲节专属之花“齐天大圣”（吴秒衡　摄）

我想起了父亲

2022年5月
15日

雨

今天“父爱如兰”征文活动的第一篇投稿《兰之坚毅，默而长久 | 父爱如兰》终于出来了，作者是我们单位员工的家属。文章虽然辞藻并不华丽，描述的也是家常之事，但我看着看着，眼泪就流下来了：

> 都说“父爱如山”，但我觉得父爱如兰，韵清、宽雅、深沉、默而长久。
>
> 小时候，他在我心里是个无所不能的人，会修理各种电器，会给我做书架，会变戏法似的给我各种好吃好玩的东西：超大的李子、心形的柚子、刚摘下带着长叶子的菠萝、木头做的长方体、苦苦的茶叶……
>
> 他在我心中就是个高大伟岸的英雄，他像一棵大树，为我遮风挡雨，让我无忧无虑地长大。

我想起了我的父亲。

我父亲的人生很简单，普通的少年，变成普通的男人，再变成普通的父亲。我们在普通的家庭长大，过着普通的小日子，普通得几句话就能概括几十年的生活轨迹。可就是这对普普通通的父母，一直给予我们并不普通的爱。小时候，我家里并不富裕，为了多赚点钱，爸爸要去很远的地方上班，周末才能回家。一到周六放假，爸爸就会马上骑着五菱摩托车赶三个多小时的路，轰轰隆隆地赶回家，风雨无阻；到了周一早上，凌晨4点多他又骑着摩托车赶去上班，披星戴月。周末在家时，他总是开着小摩托车，搭我们全家人去看电影、逛夜市、游公园。直到现在，我还记得全家人出去玩以后，爸爸用摩托车搭我们回家，我紧紧抓着爸爸的衣服，妈妈在后面抱着我，路灯忽明忽暗，风把我们的头发吹得呼啦啦地响，路旁小树一棵棵地掠过，就像时空穿梭一般。

回忆过往，生命里最幸福的片段，都与金钱无关，这些片段之所以如此珍贵，是因为它们用最真挚的爱镌刻而成。

父亲对我的爱，就如四会的剑兰一样，挺拔的叶子里，藏着细细点点的小花儿，香气清幽沁人。这种香气太淡了，以至一直被忽略，直到我长大了，经历了一些事情，也看透了一些事情，开始辨别花言巧语，开始懂得辨伪存真，开始明白爱的真谛后，才晓得父亲的爱有多么宝贵。

最高级的营销策划，一定是动人心弦的。策划文案要先打动自己，才有可能打动别人，在别人心中种下关于爱与美好的种子，满足人们对美好生活的向往，消费者才会心甘情愿地为此埋单。

用感人的文章，细腻的情感描述，让消费者逐渐建立“父爱如兰”这个概念，这将会是做好本次兰花营销工作的最重要一环。

四会模式

2022年5月
23日
雨

今天早上9点，四会市委办公室副主任陈文杰把准备报送给省政府的《广东四会兰花市场体系建设的报告》初稿发给我，我读完感到特别惊讶，没想到四会兰花专班工作效率那么高效，短短十天时间内，不但召集了一群精兵强将，还把四会兰花“12221”市场体系建设的顶层设计、工作思路、营销方案全部敲定落实。

我忍不住跟文杰感叹，你们的速度可把我惊呆了。文杰说，伟忠书记对这项工作特别重视，市里划拨了专项经费落实兰花营销工作，而且我们兰花专班成员全都是唐莹副书记在各部门亲自挑选的优秀年轻人，专班里有笔杆子、会务组织能手、宣传策划高手、融媒体骨干，大家都以能进入兰花工作专班为荣。文杰说：“这段时间虽然很累，但自身价值得到承认，大家都干劲十足。”

文杰的话，给我很大的启发。这几年我参与过各类型农产品营销推广活动，四会兰花的工作做法令我感受尤为深刻，市委书记高度重视，副书记高效执行，配备高水平专班人员，这种高位推进工作模式，还真是省里“标杆”。

早在2021年9月28日，广东省委农村工作领导小组办公室、广东省农业农村厅、广东省乡村振兴局联合印发的《关于进一步加强广东农产品“12221”市场体系建设工作的通知》中，就全面总结了三年来

“12221”的实践成效，最重要的是从组织领导、人才队伍、工作谋划、资金保障等多方面健全政策保障和工作协同机制。

培育出口基地

2022年5月
24日
晴

今天接到省厅交流合作处林爽副处长的电话，她给我传达了厅领导的指示，四会兰花除了做好国内营销，也要打通国外市场，把四会兰花推向国际。她给我一家涉及农产品出口业务的国企负责人联系方式，让我做好对接。

我马上联系了四会兰花专班的同志，转达了领导意思，也了解到四会暂时还没有兰花出口基地，兰花出口目前还推不起来。这段时间我们也一直在思考四会兰花国际化的工作如何推进，正一筹莫展的时候，不知道谁说了一句，既然没有基础，那就先从培育开始吧。真的是一言惊醒梦中人，没有小鸡，那我们就从“孵蛋”开始吧，这四会兰花出口基地培育，就是“孵蛋”计划的第一步。

我马上找培训科的同事了解情况，也找了有出口基地培育经验的机构对接流程，准备搞一场线上的四会兰花出口基地培训。在沟通对接中，我了解到，越南这个国家特别喜欢兰花，越南跟广西接壤，交通便利，运输成本相对便宜，先从越南市场入手会是一个很好的突破口。

一口吃不成一个大胖子，一步一步来，希望可以在父亲节到来前实现四会兰花出口零的突破。

突发事件

2022年5月
29日

晴

今天虽然是周日，但下午3点要和小伙伴们到演播室集中，做好明天《父爱如兰》“剧本控”全国首发仪式的会前准备工作。午饭后，我看着好像已经睡着的女儿，正想偷偷摸摸地溜走。“妈妈，你要去哪里？”女儿鬼精鬼精地跟着我后面。不得已，我只能带着女儿一起去新华网。

一路上，我叮嘱女儿好多次，待会儿妈妈和叔叔阿姨们要工作，千万不能打扰我们，女儿爽快地答应了，虽然我对她的保证充满疑虑。

到了会场，我和兰花小组、四会兰花专班以及新华网的工作人员碰头以后，马上落实明天的流程。我们小组的杨铭担任明天仪式的主持，他自己找了个安静的角落，正在一遍又一遍地背稿子；玖的文化公司的技术人员在调试视频和处理各种物料；我和四会兰花专班的陈文杰、吴健陶一起讨论明天的注意事项。突然文杰接了一个电话，明天的议程需要调整，要增加一名四会学生代表致辞，还要请把兰花引进到四会的台湾老板陈明星讲述他与四会兰花的故事。

四会学生代表很快就找到合适的人选了。但陈老板现在人在台湾，我们正想让他录视频明天在会上播放，没想到，老人家不会用智能手机，而且村子里有疫情，家家户户都隔离，没人能进他的房子帮忙。无奈之下，我们想了一个土办法，让陈老板把心里的话写出来，通过电话口述出来，电话的这一头把陈老板的话录下来，再转成文字，明天就让陈老板的侄子在现场朗读。

这个小插曲，让我想起了余光中的《乡愁》：“而现在，乡愁是一湾浅浅的海峡，我在这头，大陆在那头。”一衣带水的两岸情，只要心意相通，总会有克服困难的办法。其实，兰花何尝不是连接海台两岸的桥梁呢？

台商陈明星（右一）2004年到四会市石狗镇创办首家兰花企业

“剧本控”离“三农”不遥远

2022年5月
30日
晴

筹备了两个多星期的全国首个乡村振兴“剧本控”《父爱如兰》，今天终于要发布了。

一大早赶去会场的路上，我接到陈东副厅长的电话，他亲切地问我：“超文啊，你觉得《父爱如兰》‘剧本控’能成功，最关键的一点是什么？”我从来没想过这个话题，只能很犹豫地回答：“是全国首创吗？”陈东副厅长笑着告诉我：“前期工作固然重要，但工作无论做得再好，现场一个小小的演播厅，能传递的人数始终有限，所以啊，接下来做好媒体传播才是最关键的环节。”

这次活动邀请了新华网、农民日报、南方农村报、羊城晚报、珠江经济台、西江日报等十多家媒体，宣传矩阵特别庞大，我们提前跟媒体朋友沟通，让他们了解本次活动背景、目的、意义，活动后即推送稿件。新媒体时代下，互联网是农产品营销推广的主阵地，也正如陈东副厅长所说，建立媒体宣传矩阵，是决定本次《父爱如兰》“剧本控”发布会是否成功最关键的一环。

“剧本控”是近年来最受年轻群体喜爱的社交娱乐活动之一，一开始领导们提出要把四会兰花与“剧本控”结合起来，大伙心里都没底，这两者究竟能擦出什么火花呢？摸着石头过河的十几天里，我的很多思想观念都有了很大的改变，从不确定变得越来越坚定。以前总去想：

“这怎么能行呢？”现在会觉得：“不去试一试，怎么知道不行呢？”以前自我介绍时提及职业，老怕人家嫌我工作不够“高大上”，现在会觉得我们“三农”工作者，也可以很酷很牛的。

我们的工作一直在“12221”农产品市场体系建设指导下进行，这套理论的核心就是以市场为动力源，而它的外延非常广泛，就像邓小平同志所说的，“不管黑猫白猫，抓到老鼠就是好猫”。在理论的指导下，我们拥有广阔的探索空间，像这次《父爱如兰》“剧本控”，就是探索成果之一。“三农”工作者土不土，农产品潮不潮，关键就得看我们用什么方式做农产品市场营销。

省兰花专班成员采访“剧本控”创作团队

与邮政合作

2022年6月
7日

阵雨

今天特别忙，会议一个接一个，晚上7点多下班回到家，胡乱地吃了几口饭，突然接到省邮政政企部蔡述平经理的电话。省邮政看到四会兰花营销搞得如火如荼，兰花礼盒很有卖点，所以他们很想参与一起搞营销。

我跟蔡经理简单对接了一下，互相了解对方需求以后，初步确定了三个合作内容：第一，6月10日兰花直播带货活动，省邮政可以一起参与；第二，省邮政想作为四会兰花营销活动的唯一物流配送服务商；第三，利用省邮政的网点和上下游资源，配合做好全省及全国四会兰花宣传推广。

我站在阳台上一边吹着微凉的夏风，一边落实省邮政的合作方案，天空星星闪闪烁烁，远处蛐蛐唧唧吱吱，在被工作塞得满满的生活里，心里是暖暖的充实感。

兰花公益宣传片

2022年6月

8日

雨

今早开会，我的领导、广东省外经农合中心主任丘志勇指示，这几天媒体制作的四会兰花“父爱如兰”的宣传小视频一个接一个“出炉”，我们单位的广东省农业农村短视频制作推广中心，也制作一个“父爱如兰”公益宣传片，要做出精品。

下午，我们马上召集兰花工作小组的成员和有关单位一起开会讨论，研究宣传片的制作方案。会议中，大家各抒己见，有人认为要拍一个全省兰花概况介绍的视频，有人认为要制作卡通视频。不过后来我们慢慢意见统一，有了以下几点共识：一是经费预算不多，时间也非常紧迫，场景和形式不能有太多的变化，简单就好；二是确定宣传目的，我们要向全省乃至全国宣传“父爱如兰”这个概念，不能过分突出某个区域，也不能有带货行为；三是确定宣传片内容，经讨论，我们觉得要找一对形象佳、有故事性的父女。

去哪找一对有故事的父女来当宣传片主角？我们中心的蔡丽君副主任想起之前认识的一位抗疫英雄，中山大学第一附属医院的卞华伟医生，他在2020年支援武汉时，把女儿的名字写在防护服上，以此表达自己的思念。女儿见到照片特别感动，瞬间读懂了这其中深沉的父爱，也明白了其中深刻的含义：“抗疫我也有责任，支持您就是我的责任！”她饱含深情地给爸爸写了一封信。很快，卞医生也回了一封信。相隔千里的两地书看哭了众人。

卞医生父女的故事，其中的父爱深情，不正应和着“父爱如兰”的主题吗？我们火速联系卞医生，很幸运他爽快地接受了拍摄任务，时间初定为本周末。接下来还要确定拍摄脚本和大纲，只剩不到两周的时间，希望一切能顺利进行。

上线农博会

2022年6月

9日

雨

今天“云上兰花展”开业了，就在我们单位负责运营的广东线上农博会小程序上，可以买到全省尤其是四会的兰花了。

这段时间一直为这件事忙前忙后，像我们中心蔡主任说的，大伙又没钱又想“唱大戏”，一直想把更多的资源倾注到“父爱如兰”项目中。不过，好的项目都是自带流量的，虽然我们的经费一直还没落实，但是小程序运营方一亩田公司还是很爽快地答应为我们搭建本次“云上兰花展”的页面，招募和培训商家。

当我把四会兰花父亲节专属礼盒链接发给同事和朋友时，好多人都马上下单，有位同事说：“以前我每次都只会请我老爸吃饭，送花给他还是第一次，为了怕我老妈吃醋，我还特地买了两份，他们就不用抢了。”有位同事也给我提意见了：“送花给我们家的老头子，也不知道他会不会打理，你们后续能不能出一些养花指南或者教学视频啊？”

虽然这次营销的主角是四会兰花，但广东其他兰花主产区的兄弟姊妹们都很不服气，说好事不能落下他们啊。没办法，我们只能在“云上兰花展”上开辟了全省兰花的介绍，把他们的产品也一同上架了。

虽然前期推进工作的时候真的让人饱受折磨，但是看到自己的工作，干一件成一件，心里还是很满足的。

四会兰花“12221”启动仪式

2022年6月
10日

雨

今天一大早跟领导们从广州赶去四会参加广东四会兰花“12221”市场体系建设系列活动启动仪式暨“父爱如兰”用兰勇敢表达爱推介活动。会场在四会一家兰企的兰花基地里，在这里我终于第一次见到“齐天大圣”的真容了。

一大早就被丘主任安排要在仪式开始前，参加一个兰花直播带货活动，我的天啊，完全没有准备，只能硬着头皮上场了。我原以为只有广东人喜欢兰花，没想到上直播间的“宝贝们”，来自五湖四海，而且他们对于在兰花基地现场直播这种操作特别感兴趣。

早上10点，四会的活动准时开始。活动中首次播放了四会兰花宣传片，这个宣传片是四会市委副书记唐莹女士亲自出镜代言的。视频拍得很唯美，代言人很上镜，不过这些都不是我关注的重点。我在台下观看视频时，看到了一种态度，为了做好四会兰花“12221”市场体系建设工作，四会市政府上下同心、不遗余力的态度。

四会兰花营销推广工作从真正落地到今天也就一个月时间，在这个月时间里，我见证并参与了多项工作，跟四会兰花专班的同志们一起与时间赛跑，力求在既定的时间轴里，创出尽可能多的工作成果。过程肯定是有苦有累的，但是四会兰花专班的同志们一直用乐观感染着我，其间我们在广州搞过多次四会兰花营销推广活动，专班同志们都是一大早从四会赶过来，活动结束后已经是晚上八九点了，他们又累兮兮地赶回四会，而这么多次的“披星戴月”，我从未听过这个团队里的任何一个人有说过一句抱怨的话。

四会兰花“12221”市场体系建设工作，在短短的一个月内已经初见成效了，虽然还不到拿“成绩单”，但我已经能预见这项工作的成功了，因为一群人，一件事，一条心，一起拼，一定赢！

梁超文（左二）参与四会兰花直播

花花博士来助力

2022年6月
12日
晴

今天傍晚，陈东副厅长让我对接一位名叫王花的儿科博士，看看她能否助力本次的四会兰花营销。我马上加了王花博士的微信，通过简单的沟通，我了解到王花博士相当厉害。

2020年3月中下旬，欧美地区新冠肺炎疫情暴发，有140万左右中国留学生滞留海外，4月初在广东省委统战部的指导下，广东欧美同学会组织国内医护志愿者，建起涉及美国、德国、英国、法国、意大利、西班牙等国的多个留学生问诊群，而王花博士正是这个医护志愿者组织的发起人。

既然王花博士有如此强大的组织协调能力，能不能把她的能力和资源赋能到本次“父爱如兰”系列活动中呢？王花博士对“父爱如兰”也特别感兴趣，我们探讨了好几种合作模式，聊着聊着，她说：“我爸爸很爱兰花，要不我也给《父爱如兰》征文栏目投稿试试看？不过我习惯写医学论文，散文类的文体我不太擅长。”我连忙回答：“我绝对相信您的能力，放心投稿吧。”这事就这么敲定了。

“小爱”与“大爱”

2022年6月
13日
雨

今天晚上10点，王花博士的文章在南方+《父爱如兰》征文栏目上发表出来了，题目《我叫王花，兰花的花》很直白，这篇文章，又把我给看哭了。

王花在文章里分享了父女与兰花的故事，先是解释了“王花”名字的来由：“我爹，爱花如命，尤爱兰，据说我出生那天，我爸养的满院子的花，突然争相开放，几盆兰花开得尤甚，我爸说，既然是个女儿，就叫王花吧，于是，这个伴随我一生的名字，就这么草率地被决定了。”然后讲述了王爸爸当兵的经历，因参战耳朵受伤，导致复员后生活清苦，然而王爸爸从未抱怨，并且一直鼓励女儿读书，后来女儿上大学了，王爸爸与兰花为伴，寄托思念。

王花博士的文章，让我尤为感动，文章不但文笔好，情感细腻，而且让人感受到“小爱”与“大爱”。“小爱”自然是父女之情，而“大爱”便是王爸爸为国效忠，虽战后饱受伤痛，却淡泊明志，怀瑾握瑜。

今天我们谈工作，谈生活，谈梦想，都是建立在祖国国泰民安、繁荣昌盛的基础上，而这基础是无数前人挥汗水、洒热血，在风雨中一步一步打下的。当我们享受着太平盛世给予的幸福生活时，不能忘了前人的奉献付出，不能忘了党的初心，更不能忘了我们的使命担当。

我们开展兰花“12221”市场体系建设系列工作，是为兰农们打破销售困境，增加收入，创造美好生活。虽然每一项工作的开展都会遇到各种各样的阻力和困难，但有着像王爸爸这样的英雄们的精神鼓舞，想想我们眼前的困难又算什么？更何况，我们不是一个人在战斗，无数“12221”市场体系建设实践者同心协力为之奋斗，这是一支无坚不摧的“兰花军”。

在忙碌工作的日子里，每天心灵都会被美好的事情滋养着，这就是幸福。

附文：《我叫王花，兰花的花》

王花博士

“我叫王花。”

每当我介绍自己的时候，都会看到别人脸上礼貌又意味深长的微笑。更有些人，会忍不住打趣一下：不好意思哈，我奶奶叫王桂花；我姥姥叫张菊花；我大姨妈叫李兰花；我家狗叫花花花……

这个仿佛20世纪四五十年代风格的名字，是我亲爹起的！

我爹，爱花如命，尤爱兰。据说我出生那天，我爸养的满院子的花，突然争相开放，几盆兰花开得尤甚。我爸说，既然是个女儿，就叫王花吧。于是，这个伴随我一生的名字，就这么草率地被决定了。

多年后，我爸又说：“如果当初不是你妈不答应，我本想给你取名叫兰花呢。”

在敏感自卑的青春岁月里，充溢着琼瑶金庸书里书外的女孩子，她们叫的名字要么诗情画意，要么冰清玉洁。我，大俗大艳土得掉渣。以至于一长段时间，我都不愿开口说话，怕自报家门时别人脸上那若有似无的一丝忍俊不禁。

然而能给女儿取名如此随意的父亲，却并非没有文化之人。他高中毕业第二年，国家恢复高考，以他年级第一的成绩，复读一年考大学绝对没问题。但是由于家里太穷，无法支撑他继续读书，奶奶选择了让他去当兵。

于是1979年，刚满18岁，他怀揣着大学梦，从北方，来到了遥远而陌生的广东服兵役。随即，对越自卫反击战的号角响起，他作为炮兵，被派到前线，全程参与了对越战争，在广东军区一待就是十年，广东，成了他人生的第二故乡。也是因为参战，他的一只耳朵在炮火声中被震聋。

复员回北方老家后的他，因为耳不聪，一直没有单位愿意接纳，只好打零工度日，我们的生活极其清苦。

从军参战带来了伤痛，但从小到大，我也从未听他抱怨一句。他唯独对我稍有歉意，觉得让女儿一直跟着他受苦受穷，没有给到我富足的生活。实际上我并不在乎，因为父亲给予的爱和陪伴，比别人的爸爸只多不少。在我们重男轻女的乡下，在女孩子大批辍学打工的时代，父亲坚定地支持我读书，鼓励我考大学。

从军多年，父亲极度自律，身姿伟岸挺拔，一直是他这个小女儿——我妥妥的依靠和避风港。寡言少语的他，日常社交几乎为零，我不在家的日子，他更愿意与花相伴，把它们养得枝繁叶茂，一片烂漫。他会经常擦拭那些黑白老照片，那些身着戎装手握钢枪的英姿，那一张张稚嫩的笑脸，是他或在，或已不在的战友们……

后来，我考入了中山大学，再次踏上了这片父亲曾经在最美好的年华里，洒下热血的故土！一如父亲当年，我的成绩也很好，父亲一直以为我会报考北方的大学，但是我知道广东和中山大学，在父亲心中的分量，所以当父亲看到我的录取通知书时，大为震撼，掩面而泣，手边的几株兰花，或亭亭玉立，或灼灼其华。

再后来，他的听力越发下降，身体也每况愈下，我跟他说话，都要靠吼了，这让我很想哭。他还笑着安慰我，人生，要学会少听少言。

我执意把他从山东接到广州，驱车带他看遍广东的繁华。他感慨国家的高速发展，高楼林立，而物是人非。在车上，在途中，他难得地打开话匣子，一遍遍地回忆着，讲述着当年的经历。那一个个鲜活的生命，和一个个熟悉的名字，再一次浮现在我眼前。如果他们还在，我应该叫他们叔叔；如果他们还在，他们的孩子应该和我年龄相仿，为即将到来的父亲节，给老父亲送去一份祝福。

我带他重游当年他所在的装甲旅，他在门口伫立良久，他还依然能够清晰地喊出那年那个部队的番号！我在车上，看着他依然笔挺的身影，却早已不复当年的伟岸，此后余生，他将背负着战友的嘱托，炮火带给他的所有的疼痛、不便、耳聋……和这段多年来几乎被国人忘却的记忆，艰难地活下去。

而我，是他的光！是花，是兰，是他多年来用尽心血栽培的希望，是他所有的爱和寄托！年近不惑，平和淡然，我终于与自己和解，与父母和解，与这个名字和解。

大俗亦大雅，一如这满园的兰花，有人眼里它清雅，有人眼里它妖艳，有人眼里它出尘，有人眼里它张扬……沐浴晨曦朝露，远离战乱纷争，生在父辈为我们打下和守住的这太平盛世中，趁着大好春光，兀自美丽，灿烂热烈地努力绽放，就已是生命的全部意义，也是父亲的殷殷寄语。

王花博士（中）和陈慧（右）参与父亲节分享会

兰花上线“粤省事”

2022年6月

14日

阴

今天四会兰花终于可以上线“粤省事”平台了，尽管比预定的时间晚了几天，但还是能赶在父亲节前完成这项任务，太棒了。

“粤省事”是广东集成民生服务微信小程序，我们“老广”们，几乎每个人都离不开这个小程序，要是能在这平台上买四会兰花，就意味着我们的营销工作得到了更多官方机构的认可。为了顺利完成这项任务，从5月底开始，数字广东的负责人给我们拉了工作清单，第一是提供要推广的产品物料，可以先上线到厅里相关平台，如益农服务网、广东“保供稳价安心”数字平台等，然后“粤省事”团队与平台上的产品对接，同步安排“粤省事”推广的相关页面设计；第二是做好行政审批流程，向有关主管部门申请四会兰花上线。

随后，我马上联系了四会专班的吴健陶同志，跟他说明了工作情况，让四会这边赶紧确定两款最好的兰花产品，让相关企业到益农服务网平台做好登记。四会专班对这个事情也非常重视，健陶说要回去跟领导汇报，马上做好产品筛选。

这十几天以来，我和四会兰花专班、“粤省事”团队一直沟通落实细节，企业也很积极配合，终于在父亲节的前一周完成了任务，大家都松一口气了。

我为农民办实事，我为农民卖兰花，接下来，我们还要往更多平台、向更多消费者推广四会兰花，让四会兰花在全国乃至全球畅销。

兰花导购图发布

2022年6月
16日

雨

今天特别兴奋，因为我们终于发布了全省兰花导购图。虽然说本次父亲节兰花营销是围绕四会兰花开展的，但是全省还有好几个兰花主产区，我们把四会兰花推广出去的同时，也希望带动全省的兰花产业一起高质量发展。

广东省兰花导购图从区域分布、品牌建设成果、兰花区域公用品牌及现代农业产业园、兰花专业镇、主导品种、品牌目录产品、出口示范基地、兰企目录、父亲节专属兰花推荐等多个方面去介绍推广广东兰花。

不过我们还是挺有“私心”的，导购图里重点呈现了四会兰花产业简介和父亲节礼盒，还贴心地附上购买二维码。一开始我有点担心地问丘主任，这样明晃晃地“推销”会不会不好，丘主任老爽快地说，我们这样做是叫“贴心”，连“粤省事”都能买四会兰花，导购图也不能落下。地球不爆炸，四会兰花营销不放假，给我们一个支点，我们能把四会兰花撬上天呢。

兰花公益宣传片发布

2022年6月
17日
晴

今天早上，我们单位与广东珠江经济台联合出品的“父爱如兰”公益宣传片终于发布了，发布不到半天，观看量累计超20万。短短90秒的宣传片从概念的诞生到视频的正式出品，总共不足十天时间，珠江经济台的制作团队说，我们又完成了一个不可能完成的任务。

记得当初开宣传片工作会议时，丘主任就提出要把“父爱如兰”这个概念脱离营销，作为公益宣传推广出去，突出“父爱”深沉、细腻等特质，加深人们对“父爱如兰”的印象，同时也可以作为父亲节礼物，送给广大的父亲。视频发布以后，我马上把链接发给我爸爸，借花献佛，希望他也能感受到我对他的爱。

下午好多朋友和同事都转发这个宣传片，大家感动的同时，都认为这份“礼物”来得又及时又讨巧。正如文案里提到的：“兰花传香，岁月静好，是因为总有人负重前行。父亲的爱，如兰花幽香，深沉悠长，父爱无边，如蕙如兰。”感谢各位善良无私的父亲们。

2022年武汉抗疫，广州医生卞华伟把女儿的名字写在防护服上，读高二的女儿卞悠然感动不已。

女儿写信说：“读懂了。抗疫我也有责任，支持您就是我的责任。”

卞医生回信：“写你的名字，希望妈妈不要生气。你要管好自己，多听妈妈的话。”

女儿说：“您的名字刻在我的心里了。”

父女两地书信看哭众人。

岁月静好，是因为总有人负重前行。

他是一位医生，他是一位父亲，他的爱如兰花的幽香，深沉、悠长。

父爱无边，如蕙如兰。

扫一扫，观看广东兰花“父爱如兰”公益宣传片

胡润收到“最完美的礼物”

2022年6月
18日
晴

今天，我们期待已久的“王炸”（指隐藏到最后，给人重磅消息的事情）——羊城晚报出品、胡润先生参与录制的宣传短视频《父亲节，胡润收到了一份最完美的中国礼物》，终于出来了。当我兴奋地把视频拼命转发到各个微信群里，好多同事和朋友都大呼：“太厉害了！”

胡润在视频里说：“我来中国二十多年了，胡润百富榜一直在讲故事，讲的是中国经济变化的故事，将中国最成功企业家的故事告诉大家，让世界了解中国经济的变化。最近，我听说很多中国企业家都很关心乡村振兴，就像中国四会打造‘中国父兰之乡’，有机会我也想去看一看。”

胡润的三个孩子正在商量买四会兰花作为父亲节礼物

这让我回想起，我上周刚接到这个工作任务时内心的感叹和激动。对接胡润财富排行榜的总裁胡润先生，让他和他的孩子们为四会兰花拍摄宣传视频，并赶在6月19日父亲节当天把视频在全网播放。我们这兰花营销跨界合作的范围也太广了吧。

那天会上，领导还亲自与胡润先生通话，胡润先生说他前两天在机缘巧合下认识了我们广东省农业农村厅的领导，听到了“12221”市场体系建设这套理论，很感兴趣，特别想参与其中。他还说：“这么多年来，我的三个小孩从没上过媒体，第一次露面献给了‘四会兰花’，献给了广东乡村振兴。”

当时，由于时间紧迫，而且胡润先生和家人能配合拍摄的时间不多，我马上跟唐莹书记、四会兰花专班、羊城晚报的记者共同商量视频

胡润收到孩子送的父亲节礼物——四会兰花

扫一扫，观看胡润收到完美的父亲节礼物

制作的方案与细节，高效确定了初步流程，分解了工作任务，随后大家按计划分头开展工作。

越紧迫的任务，就让我越有干劲，一定得把这件事办好，今天终于可以把“王炸”扔出来了。“父爱如兰”是一个故事，是由一个又一个关于兰花、关于情怀、关于热爱的小故事串起来的连续剧。时间过得真快啊，明天就是父亲节了，我特别好奇，“父爱如兰”这部连续剧会有一个怎么样的ending呢？

兰花音乐会

2022年6月

19日

晴

今天早上，3岁的女儿一早醒来，在我和她爸爸的脸上左亲一口，右亲一口，把我们唤醒。等我们醒来，女儿迫不及待地说："要去外公家咯！"出门前，女儿指着我昨晚准备好的兰花礼盒，说："妈妈你不要忘了带外公的礼物哦。"

周日的交通特别畅顺，30分钟就到了我的"娘家"，我爸一开门，我马上把兰花捧在前面，"送给您的。"爸爸开心地拿着花，调侃道："天天看你朋友圈发'父爱如兰'方面的报道，今天也给我整一盆兰花来啦。"

晚上，我们正在家里吃着饭，我一看时间：8点了，赶紧打开手机，进入今晚"父爱如兰音乐会"的直播间。我和家人一边听着直播音乐会，一边吃饭，一边聊着细碎的生活片段。这样的夜晚，跟过去无数个夜晚相比，好像没什么不一样，熟悉得像白开水一样平淡；这样的夜晚，时间的沙漏在一点点静静地流淌，平静得让你误以为人生可以永远那么简单。一下子晃过神来，我看到灯光下的父亲，头发更花白了，皱纹也更多了。原来时光，是会骗人的。

时光，你能否走得慢一些，让我的父亲老得慢一些。

直播间里传来悠扬的歌声：

"这是我父亲　日记里的文字

这是他的生命　留下
留下来的散文诗
几十年后　我看着泪流不止
可我的父亲已经老得像一张旧报纸　旧报纸
那上面的故事　就是一辈子
…………”

每个人心里都有一段旋律，在我心中，父亲就如大提琴声般，低沉，浑厚，宽广而温暖；每个人心里都有一片花海，父亲就是其中的一株建兰，花蕊藏在葱葱挺挺的枝叶中，你得特别小心，才能拨开坚硬的叶子，看到柔软的内心。

爸爸，您那无言的爱意，您的白发和皱纹全都悄悄告诉我了。而我那羞涩的情感，也全寄托在兰花里，您看到了吗？

久久为功

2022年6月
20日

晴

今天上班，见到一位四会籍的领导，他很高兴地对我说："这次四会兰花的营销工作做得真好，昨天父亲节，我们四会人都觉得特自豪，很多四会的兰农想送锦旗给你们呢。"听了这些话，我觉得很不好意思，然而心里又特别开心，我们50天的辛苦没白费，而且我们用50天的时间创造了一个"奇迹"。

从5月1日到6月19日，短短50天时间，我们创造了历史，也创造了奇迹，把兰花的淡季硬生生地变成兰花旺季。从一个概念的诞生，到团队的组建，再到方案的制订落实，时间虽紧，任务虽急，可是参与本次营销工作的所有参与者，没有一个打退堂鼓，也没有一个喊苦喊累，有的只是精益求精乃至"吹毛求疵"的工作氛围，很多奇思妙想恰恰都是在这种又紧张又兴奋的工作状态中迸发出来的。因为有这样的一群人，把有意义的事情做得有意思，把有意思的事情做得有价值，真做、实做、快做，反复做、坚持做；把一件事做实、做强、做大、做久，做成经得起历史检验、留得在百姓心中的实事好事。

父爱如兰，迈开了万里长征的第一步，然而我们还有第二步、第三步……而"兰花工作日记"也会长长久久地写下去，见证广东兰花"12221"市场体系建设一步步地壮大、成长。

第二章

兰之四清

灼灼其华

文化赋能产业振兴观察

2022年

打造区域农业品牌是执政为民的实举

董　玉

2022年5月1日至6月19日，是四会兰花“从冷变热”的50天，也是当地农业干部与花农紧张忙碌的50天。成为父亲节专属之花，四会兰花打破花卉销售周期规律，一年内实现两个旺销季，销量比2021年同期同比增长3倍，单价增幅接近50%。这可喜的销售成果背后，是省市县农业系统干部们的真抓实干，他们下基层，抓品控，畅渠道，统资源，助农卖兰，以“实干”出“实绩”。

关于农产品做不做市场，打不打品牌，差别究竟有多大，举徐闻菠萝这个例子就可以说明。

2018年，徐闻菠萝因市场不畅而面临大面积滞销，当时0.15元/斤价格的菠萝还是无人问津，半数以上菠萝种植户受到影响。但自从推出广东农产品“12221”市场体系建设，将市场挺在生产前面，将建设徐闻菠萝品牌作为政府推动产业高质量发展的抓手后，徐闻菠萝营销年年有亮点，“迎进来、走出去”让徐闻菠萝销售半径越来越大，使得越来越多采购商、加工商、投资商走进徐闻。这“一进一出”，让徐闻菠萝销售价格和产值一路走高。徐闻菠萝的销售价格，2019年是1元/斤，2020年是1.2元，2021—2022年达到1.5元/斤，其产值则从2018年的9.8亿元攀升至2022年的约25亿元，辐射带动农户近5万户，劳动力14.6万人，近五年来人均生产总值由23 748元增至33 676元。

农村美不美，农民富不富，关键看老乡富不富。乡村振兴，关键是产业振兴，产业振兴的痛点与难点，就是农产品市场体系建设。培育区域农业品牌是农民增收致富、乡村振兴的有效载体，等同于政府提供的软性公共设施，这项工作是党委政府不可推卸的职责，是“执政为民”的根本要求。

农业市场和品牌建设工作，尤其区域公用品牌建设，带动的是一个地方整个产业的发展，惠及的是产业链上所有从业者，尤其是无法独自面对大市场的中小农户。因此，地方政府的市场和品牌建设工作其实是一种普惠服务、公共服务，地方政府这样做，既是给广大农户信心，也是给品质背书，使农产品更容易获得市场认可。

基层干部的工作虽不好做，却与群众息息相关。市场工作不好做，但只要掌握规律，就没有难事。四年的实践证明，广东农产品“12221”市场体系建设提供了一套思路与方法，回答了市场工作“要不要做”与“怎么去做”的问题：推出“1”个农产品大数据平台，组建销区采购商和培养产区经纪人“2”支队伍，拓展销区和产区“2”大市场，策划采购商走进产区和农产品走进大市场“2”场活动，久久为功，实现品牌打造、销量提升、市场引导、品种改良、农民致富等“1”揽子目标。

2022年，广东农产品“12221”市场体系分别写入省政府工作报告、省党代会报告，成为乡村振兴的重要部署。当然，理论有了，操作指南有了，还得有人、有资金、有机制。建立一个市场工作专班，得有固定的品牌建设队伍，还得有资金保障，没有资金，说再多也只停留在口头和计划上，无法真正开展市场和品牌建设。做大企业的都知道，品牌和资金缺一不可，做农业区域公用品牌更是如此，全国农产品千千万万，同类农产品更是多不胜数。那么，比拼的是什么？就是营销创新，扎实开展市场建设、渠道建设、宣传推广，这背后靠的就是资金保障。除此之外，还要有机制保障，建立一套农业品牌建设工作机制，保证无论人员怎么变，品牌工作都持续推进，不断档，才能真正做到久久为功，使农业产业做大做强。有效市场和有为政府二者相辅相成，互相促进，不越界，不失管，市场和品牌建设才能事半功倍。

（作者为南方农村报品牌与数字农业事业部主任）

“父爱如兰”打开兰花产业新蓝海

胡一刀

随着广东四会兰花“12221”市场体系建设系列活动的持续推广，“父爱如兰”“父亲节，用兰勇敢表达爱”的理念也被大众熟知。在父亲节来临之际，广东四会兰花“父亲节花礼”线上、线下的销量稳步上涨，不少人选择四会兰花作为今年送给父亲的礼物。据统计，广东四会兰花销量比2021年父亲节期间同比增长3倍。另外据微信大数据分析，2022年6月以来，“四会兰花”的微信指数一路飙升，整体指数值日环比增加1496.77%，达到近一年来的峰值。

实话说，父亲节并不新鲜——尽管它是舶来品，传入国内已时日不短，随着东西方文化的交流融合，借用父亲节进行营销也成了各路商家的惯用手段，但真正创新的是“父亲节，用兰勇敢表达爱”的理念。毕竟在大众熟知的传统观念里，父爱不是“如兰”而是“如山”，这虽是对父爱厚重的具象化表达，但因无法商业化而难以落地。相反，“如兰”的表达在守正中不乏创新，也给兰花带来新的价值增量。

众所周知，一个物品既有本来价值，也有象征意蕴：前者可替代者众，后者却很难被取而代之，一如端午的粽子、中秋的月饼。而这种独特价值的锚定，很大程度上是通过文化手段，经由时间沉淀积累而成。从这个角度看，四会立足自身兰花资源禀赋，开展“父爱如兰”系列主题活动，包括“剧本控”、征文、小剧场等，可谓切中关键，也打到点位上。从效度的角度考量，这种文化营销需要持续输出，以图持久之功。

就事论事，四会“父爱如兰”的策划，首先，适应了主流消费群体年轻化的趋势。消费者年轻化带来两个直观改变：一是支付能力和付费意愿更强，二是更愿意为自己的价值观埋单，即所谓的意义。就此而言，不断对产品进行意义的挖掘和开发，对其赋予价值，然后通过文化传播这种理念或价值，再以理念触发人们的消费开关，从而使得消费闭环的构建成为可能。

其次，可以说“父爱如兰”的策划为兰花产业找到了新蓝海。商业界流行这样一句话：蓝海不在红海的旁边，而在红海的上面。想想也是，一般人谁能想到，兰花销售新的增长点在于与父亲节进行了深度关联呢？又或者说，似乎每个行业都可以与父亲节挂钩，但为什么唯独是兰花而不是其他什么产品冒出来，收到了不错的效果呢？这可能就涉及兰花的特性与父亲节的契合度。

一方面，这可能源于后喻文化时代，需要完成对“父爱如山”观念的解构，“兰”与“山”两个意象反差极大，却可以代言父亲的不同面向，默默负重之余也可以像兰花一样开在风里，既轻松又亲切。另一方面，这可能与特色产品有关，四会兰花有一品种叫“齐天大圣”，很容易让人想到那句台词“大圣此去欲何，踏南天碎凌霄，若一去不回，便一去不回”，这不就完成父爱柔与刚、轻与重的统一了吗？

营销里有一个“焦糖布丁”（JTBD）理论，即“Jobs to be done”，说的是消费者买一件商品，并不是想拥有这件商品，而是想让这件商品帮他完成现实世界中的一个任务。“父亲节，用兰勇敢表达爱”无疑就是这样的一种设计。父亲节表达爱，兰花是最好的选项吗？显然，这是一个开放式问题。不过，这不重要，重要的是很多消费者愿意相信“兰花正好”，这就够了……

（作者为南方农村报特邀评论员）

品牌赋能：文化为内核　科技为手段

张芷瑜

在岭南，不少物产带有丰富的文化属性，兰花便是其一。

中国栽培兰花有两千多年的历史。据载，早在春秋末期，越王勾践已在浙江绍兴渚山种兰。魏晋以后，兰花已用于点缀庭院。中国人历来把兰花看做是高洁典雅的象征，与“梅、竹、菊”并列，合称“四君子”。

有着如此深厚文化内涵的兰花，却离我们的生活颇远，究其原因：一是兰花难养，具有育种困难、对生长环境要求高等难题；二是兰花属于边缘农产品，还没有培育出成熟的消费市场。广东农业近年来着力打好产业、市场、科技、文化“四张牌”，推动农业产业链重构，四会兰花“12221”市场体系建设主打“兰文化”，深挖兰花文化底蕴与价值内涵。

如何用文化和创意手段改造农产品，壮大优势特色农产品品牌，让兰花从小众走向大众？四会兰花打造“父兰”的这次营销，有着值得称道、可供复制的经验。

一是传统与时尚碰撞。兰花悠久的历史和独特的文化意蕴，给大众留下的是传统印象，比如诗词歌赋、水墨丹青，古典的表达似乎与兰花更配。但四会兰花这次营销，采用的是时尚的方式，激活的是年轻人的市场。向父亲赠送兰花，相对于父亲，儿女无疑是更为年轻的群体。给各款兰花赋予花语，迎合的是年轻人的喜好。打造兰花“剧本控”、上线“父爱如兰”云上音乐会，让古典在时尚潮流中焕新，使得兰花顺利进入年轻市场。

二是文化与科技结合。以数字化等高新科技为基础的文化创意产业新业态正在迅速创造、诞生并成为风尚，如动漫、网游、数字音乐、网络视频等。耳熟能详的传统文化与科技相结合的精彩案例有“3D光雕数字技术”“机器人临摹”“水下洛神”“数字梅兰芳”“元宇宙烟花”等。四会兰花创作《父爱如兰》剧本控，参与者只需戴上VR眼镜，便可在横跨40年的兰花剧情中穿梭；在广州塔发布四会兰花广告语；创作兰花主题曲，举行全国首个父亲节云上音乐会……这一系列活动集合了数字化、元宇宙等要素，声光电齐发力，精彩纷呈。

文化至关重要，有灵魂，有故事，可流传，才能让边界更长、关联度更广、与更多人产生关系。四会兰花，一旦能促使人们欣赏其高洁、典雅的寓意，品鉴其秉性刚强、祥和可亲的气质，感悟其蕴含伟大深沉的父爱，就可以实现其内涵价值和外延价值的统一，甚至其外延价值更有着无限增值空间。

打破农产品的同质化问题，找到自己的核心差异点，从而建立自己独特的竞争优势，是农产品销售的关键。当我们不能通过品类的创新或产品的特性或功能来获得顾客的青睐时，或许通过挖掘文化脉络，提升情感价值，更可以起到出乎意料的效果。比如褚橙所宣传的“人生总有起落，精神终可传承”，八旬老人的励志故事成就“励志橙”，不言而喻，褚橙不是一个普通的橙子，而是褚时健永不言败的创业精神。

功能价值如同躯体，情感价值如同灵魂，深挖农产品产地风土人情，讲好打动人心的故事，不但能提高农产品溢价，更能使品牌价值倍增。比如台湾大米品牌掌生谷粒，以农业为魂，注入文化创意，凭借着动人的品牌故事，为米塑造出独特感和台湾生活风格的农家形象，成为亚洲经典的农产品品牌。

人们一边利用文化价值，一边创造新的文化价值，让文化价值延续永远。值得一提的是，在兰花之前，广东最具文化影响力的农产品荔枝借“520我爱荔”，在5月20日这个甜蜜的日子“喊全球吃荔枝”。这次兰花与父亲节深度捆绑，将文化赋能的作用放大，探索的是一条可复制、可推广的文化赋能农业品牌的道路。

（作者为南方农村报记者）

打造“高大上”品牌，关键在于传播力

戴弯弯

品牌是生产者和消费者共同的追求，是供给侧和需求侧升级的方向。而两端的达成，要靠传播。

父亲节当天，“广东四会用兰花向父亲表达爱”话题突破两千万，冲上微博同城热搜榜榜首，微信指数日环比增加1496.77%；“父爱如兰”观念获得大众认可，百富榜的胡润、中国农大校长孙其信、广东工业大学学生镜头里的农民爸爸收到兰花纷纷喜笑颜开，还有在网上“花式”秀幸福的网友……这些例子无不彰显营销的力量，为一个农产品造节营销，让一个理念由浅入深，让一个消费习惯从无到有。

中国有数千年的农耕文明，特色农产品种类丰富繁多，许多好产品卖不上好价钱，缺的就是品牌效能。品牌传播推广不是简单粗暴的花钱，而是有章法、逻辑与策略，好钢要用到刀刃上。

不得不承认的一个事实是，当今社会，农业品牌塑造越来越离不开媒体，媒体传播是品牌传播主渠道和品牌建设推动者，其在品牌传递、内容创建、场景营销、消费触达等方面大有可为。

品牌传播要“讲”。全方位、多角度、持续性推进融媒体报道，孙其信教授曾表示，“农业的品牌是靠干出来的，也是要靠讲出来的”。那怎样讲好品牌故事？2022年5月以来，广东四会接连开展兰花与父爱相结合的原创主题曲、征文、父亲节云上音乐会、微电影等活动，强化四会兰花致敬父爱的IP形象，触发情感共鸣；线下则接连点亮四会全城、亮相广州各大商圈、登上“小蛮腰”和海外纽约时报广场大荧屏，这是向目标受众传达品牌信息以获得他们对品牌的认同，并最终形成品牌偏好的手段和过程。

品牌传播要“巧”。无巧不成书，在品牌传播上“巧立名目”未必是一件坏事。四会创造性地把兰花与父亲节消费结合起来，首创“父爱如兰”“父亲节就用兰花表达爱”的理念，巧妙的是，兰花自身秉性刚强、祥和可亲的气质，恰与伟大深沉的父爱相契合。消费者消费的不是文化本身，但消费者感兴趣的是文化。中国有几千年的农耕文明，对文化的深度挖掘，会赋予品牌厚重而生动的文化内涵，传播起来会更易为大众所接受。传播一旦被激发，影响力效应则以几何级数放大。而本次四会围绕着“父兰”开展的“父爱如兰，用兰勇敢表达爱”推介活动也是一次全民参与的具有文化内涵的创意农业活动，群众更有参与感、“父兰”更有知名度，一来一往之间，政府与群众共同完成了“父兰”内涵的构建，也让活动拥有了更持久的原动力。

品牌传播要“大”。平台要大、阵势要大、格局要大。四会兰花在父亲节前夕先后登上美国纽约时报广场、广州塔等地标，首次向全世界宣传“父爱如兰，父亲节就用兰花表达爱”的中国式“花语”，在国外反向输出中国农业品牌的文化理念，抢占了行业舆论和文化的制高点。随着宣传半径不断扩大，这一节庆新理念同样获得外国友人关注，就连“胡润百富榜”董事长胡润也收到了孩子赠送的“父兰”，当听说兰花在中国文化中象征着“君子”，象征品格高尚的人，胡润表示“这是最完美的父亲节礼物”。

品牌传播要“高”。以四会兰花为载体，发布全国首个乡村振兴剧本控《父爱如兰》，贴近年轻消费群体，探索广东兰花产销对接新模式，引领消费市场新潮流。在疫情影响下，农业作为经济的“压舱石”，广东四会大胆创新，通过数字赋能将农业这个几千年来最传统的行业推上了潮流前线，不仅为广东农业品牌建设吸引了关注、带来了热度，还找到了转化变现的新路径。更重要的是，促进了现代农业高质量发展，对稳住经济起到了积极作用。

（作者为南方农村报记者）

四会之兰彰显农业价值三重奏

张子煜

四会兰花“12221”市场体系建设系列活动之科技助力乡村振兴——全国首个乡村振兴“剧本控”首发仪式举行，一场名为《父爱如兰》的“剧本控”正式面世。极具四会特色的沉浸式兰花剧本在VR等技术加持下，让人们仿佛置身于20世纪40年代的历史风云激荡之中，感受到兰花文化的沉浮变迁。前沿与传统的碰撞让广东农业活力迸发，四会以兰花为媒推介“父爱如兰，四水年华”的品牌主题，用情、用心、用力奏响了农业价值三重奏。

用情推介兰花文化价值。“千古幽贞是此花，不求闻达只烟霞。”诗中描述的正是被誉为花中四君子之一的兰花。拥有粤港澳大湾区最大兰花种植基地的四会市，深挖兰花文化底蕴与价值内涵，在经济发展与文脉传承之间找到了彼此的呼应与契合。将兰花确定为市花可谓是点睛之笔，它所反映的不仅是城市面貌，更在潜移默化中塑造了一方乡土的性格。可以预见的是，四会兰花以文化产业赋能乡村振兴，聚力擦亮“四会兰花”公用品牌，通过品牌推介、logo设计、广告语提炼等系列文化符号打造，四会兰花的知名度与美誉度势必将不断提升，从而推动兰花产业高质量发展。

用心沉淀兰花情感价值。君子如兰，坚毅而纯洁；父爱亦如兰，深沉而坚定。二者可谓频率共振、相得益彰。秉性刚强、温润无声、宽厚包容，可以说，“父爱”即是四会兰花最强的精神内核，抓住节日打造四会兰花超级IP，形成“父亲节送四会兰花”的情感共鸣，将赋予四会兰花更多的情感价值、文化内涵。毋庸讳言，父爱与兰花的结合可谓是四会的神来之笔，予兰花以父爱的深意将有效打破差异化区隔，广泛吸引大众关注，抢占用户心智资源，形成社会化的共情，力促四会兰花成为向天下父亲表达爱意的载体。

用力宣扬兰花社会价值。疫情之下创新农业发展模式对稳住经济大盘起到积极作用，四会着力展开四会兰花“12221”市场体系建设专项行动，制定出台兰花产业高质量发展三年行动方案，为“花样经济”开启新篇章。从基础上看，四会兰花种植面积近万亩，涵盖兰花四大系列200多个品种，带动上万人就业。从产业上看，四会兰花已构建成集组培研发、标准种植、生产加工、品牌营销等全产业链发展格局。从模式上看，“剧本控”、快闪、微电影、元宇宙……兰花产业发展的新业态、新模式迭出。四会正在新时代新风口上奋力起舞，让四会兰花成为名副其实的产业花、致富花、民生花。

锐始者必图其终，成功者先计于始。产业发展并非一蹴而就，四会还需继续在政策扶植上下功夫，大力推进四会兰花产业高质量发展和兰花“12221”市场体系建设各项工作落实见效，继续加强品牌培育力度，完善兰花产业配套基础设施，才能进一步擦亮四会兰花金字招牌，让四会兰花“花开四会，名扬四海”。

（作者为南方农村报记者）

将市场挺在前面，实现一揽子提升

周志方

产品好不好，市场说了算。政府从中起到强有力的统筹协调、引导推动作用，始终将市场端挺在前面，用市场倒逼生产端提质升级。以卖好促进种好，这是“12221”的精髓所在。

2022年以来，广东省、市农业农村部门联手，充分吸收广东农产品“12221”市场体系建设的工作经验，四会市深入挖掘本地特色资源，紧紧围绕四会兰花产业高质量发展的长期目标，迅速谋划推动四会兰花“12221”市场体系建设系列活动，为推进乡村全面振兴注入了“兰花力量”。

在“父爱如兰”50天的密集营销期里，四会兰花IP成功打造，“父爱如兰”成功“出圈”。一个能为人民办实事的政府不是大包大揽产业所有环节的改造，也不是动用自身的公信力来为产业无限背书。对于政府职能部门来说，打造本地农产品品牌，提升辖区内农产品产业竞争力，是分内之事，也是一种公共服务。类似于四会兰花品牌打造，农产品品牌打造更多地在提升品牌影响力、挖掘文化内涵、调动消费者情感等方面下功夫，一定程度上可以定位为软性公共服务。这样的软性公共服务是乡村振兴路上不可或缺的。一方面，让文化赋能乡村产业，从卖产品，到产品、品牌、文化内涵、产业故事齐上阵，本身就是提升农产品附加值的过程，也是开拓出农文旅三产融合协同发展之路的必由之径；另一方面，农产品能不能卖得好、产业能否持续发展，归根结底是基于产品的本身价值，产品本身过硬，才能追求附加值的提升。

除了软性的公共服务，还有基建升级、发展大数据等硬性公共服务。“软硬”兼施、协同发展，是农产品品牌打造的一揽子升级目标，在开拓市场过程中发掘市场、满足市场需求，其根本还是以市场倒逼产业能级提升。一朵兰花以一个节日“出圈”，折射了农产品品牌打造的表象下对产业能级提升的本质诉求。在短期的公共服务与长效发展之间，离不开产业基础提升，更离不开农产品数字化、品牌化打造。

在四会党政领导班子的推动下，四会兰花已构建起集组培研发、标准种植、生产加工、品牌营销等全产业链于一体的发展格局，夯实了当地的第一产业基础，产业的扩张带动了当地上万人就业，四会走上了一条产业兴旺促就业的乡村振兴之路。因地制宜定制优势产业规划，提升产业基础建设，加快产业升级的步伐，农产品“12221”体系建设向最后一个“1”即一揽子提升迈进，一片广阔的蓝海已在四会兰花产业面前展开。

四会兰花下一步该走向何方？笔者认为，可在产业链提升、市场开拓、扩大宣传和经验推广四个方面谋定方向。一是发力兰花产区全产业链发展，筹备兰花产业园，创建兰花种植资源圃，提升兰农整体种植水平，打造四会兰花线上交易平台，开发兰花文化系列产品等。二是积极开拓兰花国际市场，培育一批兰花出口企业，助力兰花生产加工企业积极开发RCEP国家新市场。三是扩大“父爱如兰”宣传，将其从“父亲节送兰花”延伸至“父亲生日送兰花”，将兰花与父亲、兰花之美与父亲之爱进行意象绑定，持续打造热门话题，保持营销热度，推动四会兰花持续“出圈”。四是推广四会兰花营销经验模式，打造可复制、可推广的四会兰花“12221”模式，将其做法复制推广到四会、肇庆乃至全省与之相似的农业产业。

（作者为南方农村报记者）

对标世界名花，筑梦美丽乡村

陈会玲

对标和竞品分析，是营销策划中的常规动作。

和四会花兰在同一坐标上的名花有很多，荷兰郁金香、法国普罗旺斯薰衣草等便展现出了世界农业的美好图景。

据说，欧洲的春天，是由荷兰的郁金香唤醒的。红黄蓝绿紫，色彩浓烈的郁金香花田如彩虹般绚烂，一直延伸到天边。

从16世纪开始，郁金香成为荷兰的象征。它的意义不只是花那么简单，它的经济价值和观赏价值同样重要，甚至发生了三根郁金香根球可以买一栋房子的故事。四百多年来，荷兰凭一花之力，确立郁金香产业王国的超级IP地位。

郁金香花开时节便是荷兰人的节日。每年3—6月，世界上最大的郁金香公园所在地库肯霍夫，会举办盛大的郁金香花展。占地28公顷的库肯霍夫郁金香公园培育的郁金香有1000多个品种，非常罕见。

今日荷兰是全球的郁金香与球茎花卉出产国。荷兰有2万公顷的土地是种植球茎花卉的农地，其中半数种植郁金香，年产量在90亿株以上。从育种、育苗、生产到交易、流通，荷兰的花卉产业链非常完整，并且各环节高效联动。据不完全统计，荷兰每年出口的鲜切花球茎和观赏植物总值达60亿美元，产品远销全球125个国家和地区，鲜花给荷兰带来了巨大的经济效益。

法国著名作家罗曼·罗兰说：“法国人之所以浪漫，是因为他拥有普罗旺斯。”薰衣草、美好的山居岁月……1987年，英国作家彼得·梅尔隐居于此，写出《普罗旺斯的一年》《永远的普罗旺斯》《重返普罗旺斯》，向世人揭开了普罗旺斯的神秘面纱。图书畅销全球，普罗旺斯作为薰衣草的故乡，从此声名远扬。

薰衣草的常规花期为6—8月，随着海拔高度、周边环境、品种不同，花期各异。薰衣草收割后被制成精油，常用于舒缓压力、头痛及失眠，老少皆宜。法国还发展出了以薰衣草为中心的香水产业链。

淡紫色的小花点缀着田野与道路，庭院与居室，成为普罗旺斯的一个重要标志。每年，普罗旺斯都会举办薰衣草节，处处弥漫着薰衣草香。薰衣草花田也成为影视剧的取景地，《香水》《薰衣草》《又见一帘幽梦》等都曾到此取景。

从荷兰郁金香到普罗旺斯薰衣草，不难看出当今世界农业文化的构成是“农业+文化小镇”，其路径特色有两个：

一是以闲适生活为主题，以特色产业推动文化旅游发展。荷兰的风车和郁金香，普罗旺斯的薰衣草和葡萄酒，满足大众对诗意生活的向往，成为当地的标志。

二是以意境、文化巨人的魅力为基础，结合高科技手段，大力发展新兴文化产业。荷兰郁金香，不仅有神话传说、正史野史，还有文学故事，大仲马的著作《黑郁金香》，就是以哈勒姆悬赏10万荷兰盾给培育出黑色郁金香者作为小说的开头。荷兰每年还结合自身的文化开展不同文化主题的郁金香花展。而普罗旺斯，则以骑士文化和薰衣草寓意爱情这一浪漫情怀吸引世界各地艺术家，梵高、莫奈、毕加索等大画家纷纷到此寻找灵感，美国作家菲滋杰罗、英国作家D.H.劳伦斯、法国作家赫胥黎、德国诗人尼采等都到此一游。名人和精神领袖的魅力使得荷兰和普罗旺斯成为游客的朝圣地，并衍生出戏剧节、电影节等新兴产业。

荷兰郁金香和普罗旺斯薰衣草，两者完美地将人文历史和农业发展结合在一起，是世界文创农业的典范。荷兰每年精心打造花田景观，举行“花绘”比赛、花车巡游等节气活动扩大影响力，并开发主题公园，不断助力郁金香及其它花卉的销售。

未来，四会兰花将以世界顶级IP为度量，以小镇为中心，以兰花为主题，以文化为脉络，以父爱为情怀，独属四会的“父兰之乡”将绽放中国美丽乡村独特的魅力。

（作者为南方农村报记者）

培育壮大市场主体，乡村产业花开满园

任峻男

兰花是十大名花之一，在中国已有千年的文化积淀，四会兰花产业则是在千禧年后才开始快速发展。2004年，台商陈明星到四会市石狗镇成立首家兰花企业，如今四会已成为粤港澳大湾区最大的兰花基地。

事实上，四会并没有悠久的兰花种植历史，但得益于适宜兰花生长的绝佳生态环境，和良好的投资兴业氛围，吸引兰企寻到此处，埋下兰花的种子。当地政府抓住机遇，紧忙在这片沃土上“浇水、施肥”，导入资源，投入资金，出台政策，用真招、实招培育壮大一批批市场主体，让兰花产业生根发芽，今年更是以“12221”市场体系建设为抓手，不断激发市场活力，释放发展动能，让兰花在四会长出苗，散开叶，绽出花。

没有种植基础，将A地的农业产业复制到B地，从无到有如何做出特色甚至超过原来？龙头企业是四会发展兰花产业的重要骨干。在培育市场主体方面，越来越多兰花企业如雨后春笋般显现并带动一批合作社、农户，更涌现出陈明星、潘启明、凌俊杰、方国营“兰花四君子”等龙头企业突出代表，这批市场主体让四会兰花产业做大做强成为可能。目前四会已形成“国兰洋兰并进、科研生产并举、精品大众并存、外商农民并种”的产业格局，并发展成为大湾区最大的兰花种植基地之一。

龙头企业一边与农户相联，一边与市场相接，既是生产的组织者、实践者，又是市场的开拓者、经营者。

从生产端来说，一方面扶持培育龙头企业，是外来产业“入乡随俗”的捷径。通过“公司+农户”模式形成稳定的利益联结机制，带领农户迅速掌握种植技术，当地兰花产业逐渐形成规模。另一方面，龙头企业还是小农户和现代农业衔接的加速器。龙头企业在技术、人才、资金、设备等方面具有优势，在其带动下小农户一改“面朝黄土背朝天”的传统生产模式，以市场为导向，专业化、标准化生产，产品质量得到了一定程度的保障；同时，推动了传统花卉产业品牌打造、电商销售等农业经营现代化。

从市场端来看，龙头企业具有较强的整合供应链、延长产业链的能力。掌握较全生产要素的龙头企业依托完整的供应链，能有效收集、分析、判断市场信息，深度挖掘市场需求，并根据不同需求，开发不同形态的产品，如在父亲节期间通过电商渠道零售精美礼盒包装的兰花，在淡季研发产销兰花精油、兰花茶等深加工产品和文创产品；而其他兰花则仍以tob线下花卉市场销售为主。在此基础上，产业链不断延展，产品不断细分，有效提升整个兰花产业的附加价值。

不仅如此，龙头企业也是培养产区经纪人的重要载体。它将大市场直接带到花农面前，在稳定的利益联结机制影响下，原本的“花农”纷纷变成“花商”，兼任着经营者、宣传者的角色，最终实现传统花农向职业化、专业化转变，这与广东农产品“12221”市场体系中“培养产区经纪人队伍”的内容不谋而合，“兰花四君子”也是优秀的“经纪人”。在过往实践中，龙头企业的带动能有效让“小农户”对接“大市场”，而四会在打造“父兰”营销概念，创造兰花大市场的同时，培育扶持龙头企业等市场主体，可谓应时之举。

成立兰花招商专班、制定招商引资政策、开展种植技术培训……近几年在各级政府的引导和鼓励下，四会兰花产业很快形成产业高地，初步建立起“技术研发—种苗组培—栽培种植—人才培训—产品展示—销售物流”的完整兰花产业链，吸引更多社会资源、市场主体、供应链不断涌入。

在四会政府和企业的共同努力下，目前兰花产业发展蒸蒸日上，但仍存在包装技术落后、物流体系不完善、数字化建设和行业标准滞后、产业链条较短等问题。政府一方面继续发挥公共服务的作用，不断完善基础设施建设，做好区域公用品牌的推广与保护，加大在新品种培育等关键环节的产业资金投入；另一方面更加主动作为，有力统筹各类资源，积极搭建平台，延链、强链，加快构建全产业链建设，以龙头企业激发“乘数效应”，让产业的“雪球”越滚越大。

（作者为南方农村报记者）

“玉·兰相会”牵手电商路实为“妙手”

卓　倩

自古以来，玉与兰花，皆为君子的象征。“言念君子，温其如玉，故君子贵之也。”在中国源远流长的玉文化中，君子与玉早已是不可分割的两个意象，人们以玉喻君子，赋予玉坚毅、温良、清丽、儒雅等品性，把玉推崇至品德美的极高程度。而兰花在我国被称为文人之花，因其生于幽岩绝壑中，抱芳守节、不求闻达，有君子的风范，所以被文人墨客与君子以修道之德相称，是谓“花中君子”。玉雕师偏爱在玉石上雕琢兰花之美，佩戴以玉雕琢的兰花也成为文人雅士中的风尚。玉兰相会，清雅高洁，立身处世，君子之姿。

两个文化意蕴浓厚的产品，如何相互支持，相得益彰？

玉·兰相会，是一次创新的“会面”，为四会兰花抢占鲜花电商高地打下基础。四会是“中国玉器之乡”，是全球最大的翡翠玉器批发市场和玉器加工销售集散地，“互联网+玉器”直播年交易额300亿元；四会也是“中国兰花之乡”，借势玉器电商直播东风传递“父兰文化”，实现“1+1＞2”的联动营销效果，四会兰花为乡村振兴按下加速键。

玉·兰相会，成人之美。“玉·兰”活动顺利会师，30多位玉器电商负责人、大咖、网红主播走进粤港澳大湾区最大兰花基地石狗镇，参观万绿兴、雅兰芳、兰花科技馆，直观感受四会兰花产业发展情况，电商直播商家们分享丰富的直播经验，为兰花花农和企业就做好父亲节送兰花营销点出实招、高招。

四会市享有“中国玉器之乡”的美誉，具有“他山之石、四会成玉”独特优势，目前已发展成为全球最大的集产、供、销于一体的翡翠玉器批发市场和玉器加工销售集散地，从业人员近30万人，年交易额约600亿元，产业规模位居全国之冠。近年来，四会市紧抓风口，开拓“互联网+玉器”市场，玉器直播产业已发展成为全国行业标杆。

近年来，各类节日成为鲜花销售高峰期，在鲜花电商化的趋势之下，各大电商平台纷纷布局鲜花业务，市场蓬勃发展。有数据显示，预计2022年鲜花电商的市场规模将突破千亿元大关，2025年将达到1500亿元。

借助四会玉器成熟的直播优势与资源，四会兰花可以在互联网的道路上快速“上车”。玉石开路，陌上兰香，直播电商打破地域的局限，全球闻名的四会玉石所及之处，也将成为四会兰花的消费新场所，实现四会兰花香飘世界。四会玉器直播的优势、经验、人才可以带动兰花直播，四会兰花直播电商之路清晰可见。

近年来，“数商兴农”已成为拉动县域经济增长的重要引擎、助力乡村振兴的重要抓手和推动产业发展的重要力量。随着乡村振兴战略的实施以及电商及数字农业的快速发展，培育一支有着互联网思维和市场眼光的新农人队伍刻不容缓。“玉·兰相会”活动的目的，就是让玉器直播名师传授经验，将花农培养成为会种会直播会卖好兰花的“三好学生”，培育一批批优秀、有实力的兰花电商主播，为传统农业转型注入新活力，托起农业发展的一支生力军。

鲜花电商的快速发展，既给四会兰花的销售带来机遇，也带来一定的挑战。鲜花综合生鲜品类的大部分难点是效期要求严、养护要求高，如何确保消费者收到的鲜花够“鲜”，减少运输过程中的损耗，是四会兰花电商需要进一步思考的课题；除了父亲节等特殊节日，四会兰花若想在群芳争艳的鲜花生意场上保持竞争力，也要凭借自身的差异化优势去吸引更多用户，以更精细化的运营抓住用户向往美好生活的心。

（作者为南方农村报记者）

传统产品适应新业态“转身”要快

徐 岩

兰花本就是兰花，这世间买它的人只买一株绿意，或买一抹春色，但在四会提出并推广了“父爱如兰·四水年华”和“父爱如兰，用兰勇敢表达爱”等营销口号之后，兰花一定程度上成为表达父爱的载体。

5月20日，四会推出“父亲节花礼”，共八款。这八款“父亲节花礼”，每一款都有能与父亲的特性相对应的花语，或淳朴、或宽厚、或坚韧，大体是人世间至真至纯的秉性，是对父亲的肯定，更是对父爱的礼赞。四会还打造了一款“父亲节专属之花”，名为“齐天大圣”，品种是蝴蝶文心兰，因外形上与“齐天大圣”相似而得名，又喻意着父亲如超级英雄般守护子女成长。

在父亲节来临之际，广东四会兰花推出八款“父亲节花礼”和一款“父亲节专属之花”，含墨兰、建兰、杂交兰、蝴蝶文心兰等四大品种，礼盒装价格共有98元、148元、238元三个档次，不含包装单盘市场价则是40元至50元，线上通过拼多多、抖音商城、微信小程序、邮政极速鲜、京东以及益农商城六大平台开卖。据统计，广东四会兰花销量比去年父亲节期间同比增长3倍。至此，四会兰花已穿上三件增值的“外衣”：一是含义的升华，二是产品的匹配，三是包装的提升。四会兰花有230多个品种，但只挑出了9款来用作本次的营销，这是四会当地对质量高标准追求的表现，既是兰花本身的质量，亦是父亲节营销的质量。

值得一提的是，这九款花还有专门的父亲节礼盒包装。该礼盒包装外形大气得体，采用沉稳静谧的蓝色，为父亲节送兰花匹配精美包装的同时，还能在兰花运输途中起到更稳妥的保护作用，更为兰花本身增加了卖点。纵观这九款兰花以及礼盒包装，兰花从外形、名字到花语、内涵，包装则从颜色、大小到材质、作用，都与父亲有较高的匹配度。

6月2日，“父亲节花礼”迎来上市开门红，单盘装价格翻倍，父亲节特定礼盒装更是卖到148元、238元的高价。有兰花企业销售人员表示，自“父亲节花礼”和“父亲节专属之花”上架后，5天销售超2000单，销售额超30万元。

在鲜花电商出现之前，消费者买花只有两个主要渠道，一个是市场，另一个是花店，一直以来，鲜花行业在供应和链条未完善的情况下，行业发展缓慢。在传统渠道，花农将鲜花卖给采购商，再通过物流发往全国各地，流通环节的损耗、交货的时间无法把控，整体成本叠加，不利于消费者日常采购。随着鲜花电商的蓬勃发展，解决了鲜花供应链建设0—1的问题；随着供应链的专业化和信息化升级，国内鲜花产地如云南、福建、河南等都出现了特定种类的鲜花产业带。

尤其是近两年，各大主流的电商平台的鲜花类目增长迅猛，如美团、饿了么、盒马这些本地生活平台等都在售卖鲜花，用户购买鲜花更便捷。玫瑰率先成为鲜花电商销量最大的品种之一，占据着情人节、母亲节等节日销量高点。四会兰花推出“父亲节送兰花”理念，是对鲜花电商市场空缺的补位。在六大电商平台中，部分消费者已有线上购买鲜花的经验，对于新概念的鲜花接受度也较高，直接利用已有的流量将品类拓展到四会兰花，极大提高了四会兰花的线上消费空间。

六大平台共同营造父亲节送兰花氛围，是铺设电商渠道的良好开端。在父亲节当天打开六大电商平台，主页广告页面、无门槛鲜花红包、多品类联动营销等设置，将“父亲节送兰花”的氛围拉满，促使更多人以送兰花的方式向父亲传达爱意，对“父爱如兰”理念的认同，为四会兰花在全网开卖积累资源和打下基础。加上平台在四会兰花推广销售期间给予的资源、流量等倾斜，进一步推动花农与企业增收。

未来，鲜花赛道的渠道会更加关注鲜花的产品力、供应力和营销力，树立竞争壁垒才能在鲜花市场站稳脚跟。与鲜花种植基地达成长期合作，在获得稳定品质和价格的同时，输出标准化，帮助传统鲜花种植基地发展；同时，优化鲜花的流通环节，建立高效率的鲜花工厂，机器化分拣、打包，实现自动流水线生产，提升整体效率，是四会兰花争抢国货鲜花品牌高地必不可少的渠道建设条件。

（作者为南方农村报记者）

品牌影响力“破圈”，整合资源得“出圈”

李金玺

从“四会兰花”案例来看，品牌影响力“破圈”的关键在资源的跨界整合。在“父爱如兰”创意营销执行中，四会有效整合政府、兰花企业、电商、物流、金融机构和媒体多方面资源，采用跨界手段打造了“父爱如兰”这一热词，最终助推“四会兰花”品牌成功破圈。

广东省农业农村厅以省乡村振兴文化服务产业园（下称“文化服务产业园”）为平台支撑，省市媒企多级联动建立四会兰花品牌共建基地，以文化为着力点，通过“产业+文化+传媒+N”的创新模式，跨界融合系列要素资源，产生了“良性反应”。

一是在组织保障上，助推四会市委、市政府成立融合多部门、以年轻人为骨干力量的四会兰花“12221”营销专班，农业农村、宣传、文旅等不同部门参与，便于集全市之力“推兰花”。

二是在产品研发上，以兰花企业需求痛点为出发点，以互联网思维整合产品资源，推出八款“父亲节花礼”以及一款“父亲节专属之花”，并配以端庄典雅的“父亲节礼盒”包装，上线京东、淘宝等全网各大平台，基本实现优质网销平台全覆盖。

三是在市场开拓上，四会与省级主流媒体、文化科技企业等深度合作，以兰花文化为出发点，创新营销方式，通过策划兰花剧本控、征文、小剧场、音乐会等系列活动，让“父亲节送四会兰花”成为消费新热点，实现从卖产品到“卖文化、卖品牌”的转变。

四是在社会资源上，依托胡润先生、时任中国农大校长孙其信等社会关键意见领袖资源，扩大传播声量；联合金融机构开发“兰花贷”，支持兰花产业发展；推动电商直播平台建设，建立全国首个花卉绿植类电商直播基地——“金引擎”抖音花卉绿植直播孵化中心。

五是在人才队伍上，四会以新农人为主要特色培育扶持了一批兰花种植达人、兰花营销达人、兰花科研达人，为持续反哺产业提供源源不断的人才支撑。

文化点亮乡村，服务激活产业。文化产业园以四会兰花为契机，创新探索文化赋能乡村振兴的基本路径，也推进了乡村振兴理论与实践相结合创新，为广东省乡村全面振兴提供了有利的案例参考。而作为广东乡村振兴工作体制机制创新的重要实践，文化产业园聚力做强“粤字号”品牌，已经助推徐闻菠萝、广东荔枝等诸多广东农产品品牌推广创新破圈。

（作者为南方农村报品牌与数字农业事业部副总监）

美的本身就是存在的理由

麦倩明

于我而言，兰花之美早有所闻，最早的印象来自各类诗文，然后是在公园与花卉集市，再就是兰花专业展的琪花瑶草，然而，积数十年认知，也不及这一次。作为四会兰花社会化助农实践的观察者，继而参与《父爱如兰》一书的编辑出版工作，我有幸从一开始就与此事同道同行，不论是对地方特色产业的了解，还是对兰花文化的古为今用，我的思考较以往均更为深入。由此，对“三农”工作有普遍意义的问题，借此得以重新打量。

《孔子家语·六本》曰：“与善人居，如入芝兰之室，久而不闻其香，即与之化矣。”亲历一场为天下父爱绽放、为助农协力奔走的“芝兰之旅”，我最大的感受是，深刻的“美”。我不认为“久入芝兰之室”会影响自己的判断力，反之，应该是久而愈闻其香，盖因“与善人居”，甚而“与之化矣”。

以助农为本，阐释何为善举以及如何善举，从中体现向善之美。《父爱如兰》记录了这样一场工作实践，同时也是一场规模化的社会实验，证明一种现实的可能性，揭示潜藏在背后的规律。具体成效如何，案例是否具有可持续、可复制性，是判断其价值的依据所在。助农行动一直都有，而抓手在哪？在案例推进过程中，反映的是实践者的批判性思维，包括对固有认知的扬弃，以及对惯性做法的反思。他们以谦虚的姿态，务实的作风，大胆设想，小心求证，寻求科学的方法论，为践行初心护航。从机制上看，参与这场实践的主体多种多样，不同的立场，不同的视角，不同的资源，不同的力量，是助农效能发挥的组织保障。“父爱如兰”活动不断散发出引人向善的作用和力量，广大参与者在付出与收获之间获得良性回馈，这将是源源不断的动力所在。

以善美为要，表达美的内涵以及美的归依，从中感悟人间之美。《父爱如兰》中的故事，有农业干部工作经历的记录、媒体对工作经验的总结、专家在理论层面的思考等。“父爱如兰”的活动，精心营造了无数人共同欣赏“一首诗”的社会场景，媒体进行系列影视作品解读，组织征文活动，举办线上音乐会等，对于一个共情度很高、重复性无限的题材，人们对这首“诗”的体会，会因时因事而有全新发现。父爱是伟大的，但爱不是单行线；幸福是善的过程，但至善需要不断努力去追求。这一过程有如将剧本搬上心灵的舞台演出，一场“父爱如兰”的发现之旅，引导受众面向内心深处探索，释放自然开放的心灵，体会“一首诗”背后的人间真实，进一步升华人性之美，丰富生命的体验。

以信念为基，观照理想之光以及现实之境，从中探索创造之美。在识物层面，兰花价值从物质到精神实现功能延伸，打开了欣赏兰花之美的思想视觉，为千古父爱找到了实体依托。在产业层面，《父爱如兰》是一种营销方法论在农业领域的创新实践，它的受益者首先是花农，同时也是天下百姓。四会兰花在一段不算长的时间内取得暂时的战果，迈开了文化赋能乡村产业振兴的一小步，但这种“技术性”的成功要成为长久的胜利，必须有价值观的支撑。四年多探索实践的广东农产品“12221”市场体系建设，需要在不断完善中形成价值观与方法论，这将是它的使命。实践者便是创作者，书里书外，他们在塑造作品，这部“作品”也在塑造他们。“父爱如兰”立足打造一个好作品，能给人正向的信念和领悟，给人带来常驻于美好世界里的希望。

因为有希望的驱使，我们都活在一个更深沉或更伟大的真实中。乡村振兴是一部满足广大民众美好生活愿望的鸿篇巨制，接续奋斗的力量，将永不止息。

（作者为南方农村报副主编、高级编辑）

父兰（齐天大圣）（程麟　摄）

第三章

兰之幽远 扬扬其香

专家共探品牌强农方略

2022年

农业品牌的建设　应当成为农业教育新课题

孙其信

金秋九月，北京的风已有了丝丝凉意，昨天我看到女儿送给我的父亲节礼物——四会兰花，有了开花的迹象。

那是一盆上好的兰花，来自广东肇庆四会市。我出生于西北，求学于北京，工作后则是西北、华北多地跑，生活中大部分时间都在北方地区，没想到这盆来自南粤的兰花，成了我至今收到最好的父亲节礼物。兰花素以优雅、幽静、高贵著称，孔子言“气如兰兮长不改，心如兰兮终不移”，说的就是兰花高贵、优雅、忠贞的秉性。女儿选择兰花作为父亲节礼物送给我，在我看来，是她对我这个父亲的肯定，我心里甚是欣慰。

我问过女儿，怎么会关注到四会兰花，在女儿的介绍下，我了解到了四会兰花品牌的打造。母亲节送康乃馨，那么父亲节送什么？四会给出“父亲节送兰花”的答案，并巧妙地提出“父爱如兰”的概念，让父亲节与兰花有机结合，带旺了四会兰花。阅读《父爱如兰》书稿后，我对四会兰花品牌打造的过程有了进一步了解。从提出概念到打响品牌，广东四会只用了不到两个月，《父爱如兰》一书记录了这期间的点点滴滴，展现了广东四会兰花“12221”市场体系建设的生动过程。

我的工作围绕农业育种和作物栽培展开，对于农业品牌的建设，我是外行，但也切身体会到农业品牌建设的重要性。比如在中国农业大学国家农业市场研究中心开展的帮扶行动下，3000多个省级区域公用品牌培育成功，一批优秀企业品牌和产品品牌脱颖而出，脱贫地区品牌农产品平均溢价超过20%。

目前，中国经济发展进入了“三新一高”（立足新发展阶段、贯彻新发展理念、构建新发展格局，推进高质量发展）的新发展时期，广大人民群众对美好生活的向往给农业供给侧提出了更高、更广泛的需求，在这样一个时期，深化农业品牌建设，是推动深化农业高质量发展的必然要求。

首先，中国的农业必须持续地提高竞争力和生产效益。竞争力和效益靠什么？其中一个重要依靠就是打造品牌，有了良好的高质量品牌，中国农产品的竞争力和效益就会持续提高。其次，抓好品牌建设，也是进一步以产业兴旺带动农民收入快速增长、全力推动乡村全面振兴的必然要求。最后，推动农业品牌建设，也是更好地满足和服务广大人民群众对美好生活向往的更高要求。为什么大量进口的高端农产品在中国有巨大的市场？就是中国人均GDP达到1.2万美元，再过几年就会达到中等收入国家的更高水平，需求侧的需求潜力是巨大的。所以，农业品牌建设也是我们以需求侧结构性改革更好地服务广大人民群众对美好生活的需求。

作为农业高校的校长，我认为农业品牌的建设应当成为农业教育新课题。在学校阶段，我们要为农业学子们多提供农业品牌建设的相关知识，为国家农业发展培养一批既懂农业技术又懂农业品牌和营销的“新农人”。将来，我们应当坚持开放合作，持续跟踪国际农业品牌市场动向，加大农业品牌海外推广，打造出一批文化底蕴深厚、国际竞争力强的中国农业品牌，让更多农业品牌像“四会兰花”一样出彩。

（作者为中国农业大学校长、教授）

“父爱如兰”：饱含文化内涵的品牌口号

范以锦

浏览《父爱如兰》书稿后，我对本书作者、对“父爱如兰”系列活动的创意者萌生敬意。的确，需还原兰花的文化内涵，也需将兰花的运营回归到理性的轨道上来。这本书，应能在这方面起到积极作用。

我对兰花的印象始于20世纪80年代初。那是疯狂的追逐暴利的兰花炒作年代，兰花身价一路飙升。风潮过后，原以为不会重来。谁知，几十年来，就像股票一样，兰花市场也多次起伏跌宕。有人因此发了大财，也有人成为“击鼓传花”的最后接花人而血本无归，甚至倾家荡产。暴跌之后，受损的不只是“击鼓传花”中的倒霉个体，最可悲的是消费者对整个兰花市场信任度的丧失，导致兰花多次滑入惨淡的熊市。我不怀疑名贵兰花的价值，人有所求，物有所值，但在炒作风潮下，无论是名贵的还是普通的兰花，都有虚高的成分。还有造假的，用嫁接等移花接木的办法制造出野生名贵兰花。每次炒作跌入谷底之后，总有人期待下一个高潮的到来。没错，在某种气候下，炒作再次兴起，但多次折腾后有可能导致整个行业的崩溃。

四会市作为粤港澳大湾区最大的兰花产业基地，当然期待走出兰花经营的怪圈。《父爱如兰》一书有很强的现实针对性，作者试图通过传递兰文化，解决非理性的炒作造成兰花市场难有持续性和扩展性的问题。自古至今，文人墨客用“气雅、色雅、姿雅、韵雅”“高贵、美好、清丽、素洁、独秀”等品性形容兰花。所以，种兰、售兰、养兰、赏兰是高雅的文化行为，与其他文化一样，需要长期文化修养的积淀，才能形成真正的价值，并广为大众所享用。从少数人冀求一夜暴富，演变为大多数人追捧，兰花市场才是有序的。从《父爱如兰》这本书所展示的一系列活动中，可看出作者、策划者并非单纯为了推销兰花，而是追溯到兰文化的历史，并涵盖当今的延展、未来的趋势。而且，将兰文化与节文化紧密联系在一起，把兰花打造成为父亲节节礼。淡淡的清香与浓浓的父爱交融，给众多家庭营造节日的温馨气氛，自然会让兰花进入千家万户。从这本书中，我们看到了“父爱如兰”的策划活动已经带来成效。由于对兰花的非理性炒作和疫情等因素的影响，兰花销售曾严重受阻。然而，在“父爱如兰”的理念下，四会开启“父亲节送四会兰花”创新营销活动，营造出了逆势而上的新局面，将兰花滞销变成热卖。四会市领导和从事这方面的管理者乘势而上，亲自著书或作序，这不能只理解为“官方为兰花销售代言”，还应看成是为了推进中华兰文化的传承和创新。而这本书对兰花推介活动的描述以日记的形式呈现，也是一种创新。同样，创作和传唱首支父亲节专属之花主题曲《父爱如兰》，也使兰花的营销更具创意韵味。通俗易懂的贴近民众的方式，能更有效实现策划者所要达到的目标。

“父爱如兰”的内涵非常丰富，可作多种解释，我更愿意把它当作传递兰文化的品牌口号，当然也可看成增加了文化附加值的品牌营销口号。产品品牌口号要让消费者一听就明晰其含义，并给人产生联想效应。“父爱如兰”的口号具有韵味感，寓意深。这一口号，还具有独特性，并非对别人的说法的重复，更不是“兰花价格堪比黄金”“兰花卖出黄金价”等炒作口号。平实、简洁的品牌口号，将兰花的营销表达推向新的层次。这种表达，各种层次的人都听得懂，能够做到迅速口口相传，在消费者心中留下深刻的印象和良好口碑。只有深入人心，让消费者对其具有忠诚度，才称得上品牌。文化价值与营销价值统一在一个品牌中，这一组合就是一种无形的资产，从而实现兰花价值的提升，进而推动整个兰花产业的振兴。

品牌营销定位明晰，才能达到营销效果。产品经营者往往期待各种类型的人都购买其产品，但事实上不容易做到，因此在目标市场上务必为自己的产品确定一个恰当的位置，在消费中形成某种群体的一种偏爱。定位可以选择多个客户群，也可以在某个阶段先突破某一个客户群，然后逐步扩大。四会“父爱如兰”的策划活动就是想在“父爱”这个亲情下，将兰花营销定位在与父爱相关的客户群。兰花像父爱一样温馨，传递亲情，自然会使受礼的“父亲”感到此物有价值，子女也觉得送给父亲很有意义。即便买一盆最便宜的兰花送给父亲，也有满满的仪式感。不仅是子女，既然是“父亲节”，是已当了“父亲”的人的节日，因而亲戚朋友也可以送。 所以，“父亲”作为兰花的客户群并不是一个小群，而是一个与“父亲”相关的更庞大的群体。四会有针对性地选择这一客户群作为新历史阶段兰花促销的新切入点，是高人之举。这个群体包括两类：一类是经济条件一般的消费群，相应地会购买价格较低的平民化产品；另一类经济宽裕甚至是富豪的消费群自然会追求奢侈的排场，相应地也有高档兰花供这类高端消费人群享用。最终，各种类型的兰花种植者、售卖者也会从中受益，达到了兰花产业通过创品牌达到追求高效益的目的。

下一个父亲节到来时，我期待家人也给我送来一株兰花。无须“高贵”，哪怕价贱的一根小草也会让我喜欢。礼轻情意重！如果父亲们及其相关群体都像我有这样的期待，本书的作者及“父爱如兰”策划者的创意也就变成现实。

（作者为暨南大学新闻与传播学院名誉院长、教授、博导）

互联网思维的市场体系建设促进四会花农增收

何海明

围绕农户、企业、产业，做传播、做服务、做模式，四会兰花品牌建设的创新做法值得学习。它既是互联网思维下传媒、政府、市场重新整合资源的良好范例，也是传统农业产业的转型方向。

首先，四会兰花“12221”市场体系建设对以往“12221”的成功典范进行了系统学习。一个农产品大数据品牌，两个队伍，两个大市场，两场活动，最后是一揽子目标，这是政府牵头、传媒入局、农户参与的生动诠释，具有互联网平台思维。这个平台的建成，给四会兰花的产量、销量以及农户的收益带来的是几何级的增长，是全价值链的提升，当然书中多次提到的销售数据也提供了佐证。

农产品的生产不便于进行工业化，但可以规模化、标准化，其品牌的打造亦可如此。在《父爱如兰》一书中，有很多值得借鉴和学习的记录，提供了一种农业品牌打造的思路，其也是一种规模化、标准化的途径，这种复制是互联网平台的经典表现。推己及人，在广东农产品的品牌打造中，目前第一步是销量，然后是定位和特色，我们要思考如何定位以及做什么类型的定位。要做类似劳力士这样高质高效的定位，还是做无印良品这种高质低价的定位。例如，宜家家居品牌是将仓库搬到了城市中心，这个仓库让消费者使用方便，但宜家家居也做了取舍，舍弃了服务。

如何打造一个广东农产品品牌？我想到了“终端”。例如，四会兰花可以依托终端消费场所，将其与使用场景结合，为消费者呈现最终的消费形式。这样，我们的产品和服务就能走出广东，走向世界。

而在四会兰花品牌的打造过程中，“父爱如兰”概念的提出是打动消费者人心的重要一步，感情共鸣、消费群体对标、以节兴业甚至是造节兴业，也是互联网思维的体现。“双十一”成为购物狂欢节，四会兰花成为父亲节送礼的首选，不是有异曲同工之妙吗？

（作者为国家广告研究院副院长、中国传媒大学广告学院教授）

中国农业品牌的后发优势巨大

陈　永

新华社客户端2021年5月24日报道："中国七万家茶企品牌，年利润还不及英国立顿一家。"

英国是不生产茶叶的国家，却打造了风靡世界的立顿红茶，立顿为什么有这般奇迹？

如果有人提到葡萄酒，我们就立马想到法国波尔多（Bordeaux）及其代表品牌拉菲；如果有人要庆祝喜事，我们就立马想到法国香槟（Champagne）地区生产的起泡葡萄酒；如果有人提到橙子，我们就立马想到美国加州地区的新奇士橙（Sunkist）；如果有人提到奇异果，我们就立马想到新西兰佳沛奇异果（Kiwi fruit）……这就是农业品牌包括农产品区域公用品牌和用户品牌的神奇力量。

发达国家一系列农产品区域公用品牌和用户品牌在市场上的惊艳表现，真是令中国农业人"羡慕嫉妒恨"！

但是，经历了今年初夏四会兰花的营销和品牌打造过程之后，我的"羡慕嫉妒恨"情绪有所改变。

四会兰花仅用短短50天，就取得如此令人惊叹的效果。四会市委书记李伟忠总结道：这50天里，率先在全省开启"父亲节送四会兰花"活动，打造了四会兰花这个区域公用品牌"父爱如兰"大IP，并一举"出圈"，成功将夏季这一兰花销售淡季变成旺季，取得了兰花产业增效、产品增值、花农增收的良好成效。他提供了一组数据：2021年5—6月，四会兰花销售量85万盘，兰农收入0.17亿元；2022年5—6月，四会兰花销售量300万盘，兰农收入1.2亿元。至此，我们真不必“嫉妒恨”，相反，我认为，中国农业品牌的后发优势是巨大的。只要我们发挥好后发优势，采用科学、专业、正确的方法，例如采用“12221”市场体系中的若干措施，就能立竿见影，取得看得见、摸得着的效果。这也是“12221”市场体系设计的科学巧妙之处，品牌工作本来是一项长期投入的工作，但只要愿意按“12221”市场体系的指引采取行动，就能立刻取得吹糠见米的效果，让农民和企业在短时间内有收获，从而吸引人们对品牌建设工作的兴趣与热情。当然，品牌建设不会一蹴而就，根据中央的部署，大约到2035年，我们可以看到中国品牌农业令人激动的局面。

什么是后发优势？作为中国人，我们应该不会陌生。中国今天能取得令世界瞩目的变化，就是因为我们改革开放以来很好地发挥了比较优势和后发优势。比较优势是指发展中国家劳动力成本低，在劳动密集型产业中具有优势，因而可以为经济起飞赚得“第一桶金”。后发优势是指发展中国家可以通过学习或者模仿别人所积累的大量技术、知识、经验、做法，以及吸取失败的教训，少付成本，少走弯路，多走捷径。

发展中国家靠比较优势永远无法赶超发达国家。比较优势依靠较低的劳动力成本，竞争力就局限在劳动密集型产业。后发优势是落后者努力学习、模仿、消化、吸收、创新先进者的技术、知识、做法、经验，并吸取教训，这样不仅可以节约金钱、时间、精力等投入，还可以追赶和超越，完全是一种抄近路、改赛道、走捷径的行为。中国农业品牌建设工作，也可以大张旗鼓地发挥后发优势，学习、模仿、创新发达国家的做法、经验、理念，吸取教训，如此可在较短时间内缩短与发达国家的差距甚至超越，最终走出一条具有中国特色的农业品牌建设道路，创建一批富有国际竞争力的农业品牌。

有人会问，你这不是教中国人偷别人的知识产权吗？在这方面，中国人在发达国家中的声誉已经很差，你这不是雪上加霜吗！非也，非也。我们必须遵守世贸规则，遵守知识产权法律，但世界上绝大多数技术、知识、经验、做法，以及教训，是不受知识产权保护的，要想掌握它，让它为你所用，用它来改变世界，就得付出时间和精力去学习、钻研、掌握。这种学习精神是人类最优秀的品质之一。

比如四会兰花这次营销行动，我们轻轻地学习了别人的一些做法，又自觉不自觉地创新了一些做法，短时间内达到奇迹般的效果。

哪些是学习别人的？父亲节是美国的舶来品，父亲节给父亲送兰花就是模仿母亲节给母亲送康乃馨而来。

哪些是我们的创新或者是中国特色的？大家从这本《父爱如兰》中两位主角的日记，即四会市委副书记唐莹和广东省农业对外经济与农民合作促进中心数字会展科副科长梁超文的日记，就可见端倪。例如，她们日记中提到的农业农村厅的兰花小组、四会市委的兰花专班及其工作机制，日记中记述的肇庆市委书记、市长、分管常委、农业农村厅分管领导、四委市委书记的所作所为，含各种调研和指导，都体现了党政官员的作为，体现了农产品区域品牌建设是“一把手工程”的特别性质。这样的作为，就是中国特色，就是创新，如果结合对发达国家这方面知识和理念的学习、模仿、创新，就能走出一条中国特色的农业品牌建设道路。

中国地域和气候的多样性和复杂性，中国历史之悠久，文化底蕴之深厚，一方面赋予了中国农业品牌可以打造得非常有特色、打造出独特竞争力的可能，另一方面也决定了中国农业品牌创建的艰巨性和不确定性，尤其是大国小农的客观现实，“小农户”与“大市场”的矛盾。农产品区域公用品牌的建设涉及品牌战略顶层设计，而产业的规划，千家万户的组织、发动、管理、领导，是一项全局性、基础性、引领性的工作，这就决定了我国农业品牌创建工作必须由政府来主导并提供一系列的公共服务。当前比较急迫、特别值得探索的是政府应为农户、合作社、农业企业提供什么公共服务、什么制度供给以及如何授权管理，即政府在农业品牌创建工作中的责任、担当与工作边界。比较一致的共识是，娄向鹏、郝北海两位先生在其合著的作品《品牌农业》中的主张：农业品牌工作要实施一种“政府主导，企业主营”的双轮驱动战略，同时发挥市场和政府的作用。

总之，中国农业现代化之道，中国农业品牌建设之道，一方面要充分发挥后发优势，学习发达国家的先进技术、理念、做法、经验、教训，另一方面要从中华民族五千年农耕文明及中国特色社会主义伟大实践中去发掘和探索。《中国共产党农村工作条例》规定，五级书记抓乡村振兴，产业振兴是乡村振兴的抓手，农业品牌建设是产业振兴的抓手。我们的市委书记县委书记、市长县长，都应像四会市委书记李伟忠那样，在农业品牌建设中主动担当、主动出击、主动作为，衔接上级主管部门，引进专业力量，整合社会资源，为广大农民和众多农业企业服务赋能，像四会兰花那样，在短期内“出圈”走红，大放异彩，赢得老百姓发自内心的感动。

如是，我们一定会有中国的“立顿”、中国的“拉菲”、中国的“香槟”、中国的“新奇士”、中国的“奇异果”。

（作者为南方报业传媒集团专职编委）

文化服务产业园
为乡村振兴发展提供新思路

刘义强

四会兰花品牌建设的“出圈”，以及“父爱如兰”概念的成功打造，是多方共同努力的结果，在《父爱如兰》一书中，读者们应不难发现，广东省乡村振兴文化服务产业园在这一过程中起到了重要作用。如今，各级别的现代农业产业园以及农业品牌建设遍地开花，乡村全面振兴是最终目的，而文化服务产业园为协调用好现代农业产业园提供了两种解决思路：一种是提升农业产业发展的生态多样性，使其孵化更多产业；另一种则是动员更多专业化力量来提升农业产业专业化，打造一批农业品牌来推动生产建设。

广东省乡村振兴文化服务产业园的建设具有现象级意义，在整个乡村振兴工作中，为解决“文化服务”这一独特问题应运而生的产业园屈指可数。农业的最大特点是涉及范围大，在产业园的建设中，涉及各种各样的产业，甚至有些产业之间关联度并不高，但分散在发展的过程中。政府相关的管理部门介入后，推动产业之间的相互融合仍然非常困难。这时候服务型产业园的作用开始凸显，运用挖掘产品内涵、社会化营销带动农业出圈等多种模式，文化服务产业园可以将项目关联的农业企业、产业中其他的从业者、消费者等多个群体连接起来。虽然有相当多资讯公司也从事这方面工作，但在农业产业链当中还是太分散，要解决农业产业发展的生态过于单调化和简单化，文化服务产业园是上好的途径。

文化服务建设还是协助产业和产业园应用最佳的政策组合，整合各种力量，最后形成发展。它创造了解决当下问题的两种方法：一是在解决生态单一的问题上，提升生态多样性；二是动员更多专业化力量来提升各个产业园，打造一批品牌，牵引销售、推动生产。从产业发展来讲，是用不完整市场化的方式来解决当前农业产业的问题。从政府治理角度来讲，体现了怎么用好第三方来推动农业相关领域制度的完善，过去很多农业的治理方法单一，未来可以有更多服务方式和服务类型进入产业园形态建设，也为农业领域的政府治理创建新型平台。

我们确实有必要进一步研究文化服务产业园在乡村振兴上的新作用，《父爱如兰》一书，很好地记录了广东省乡村振兴文化服务产业在四会兰花品牌建设中取得的成绩，值得相关从业人士阅读、学习及思考。

（作者为暨南大学侨乡治理与乡村振兴研究院院长）

挖掘农业文化
对现代农业品牌建设具有深刻意义

郑业鲁

文化与科技是现代农业发展的两个翅膀，对乡村振兴和现代农业发展来说，挖掘文化内涵任重道远。在四会兰花品牌建设的过程中，兰花的文化内涵挖掘至关重要，《父爱如兰》一书生动诠释了文化服务的过程、作用及其必要性，读完此书，我有几点感想。

过去说产业发展是让科技给产业发展插上翅膀，但现在我觉得文化也是一个不可缺少的翅膀，有了科技和文化两个翅膀，产业就可以腾飞。文化内涵的挖掘为四会兰花产业的发展添砖加瓦，让它飞起来，不单单是销售数据和收入的起飞，而且是真真正正让四会兰花品牌在全省乃至全国的范围内都有了名气，在全国的花卉消费市场当中打响了四会兰花品牌。

对乡村振兴和现代农业发展来说，挖掘农业文化内涵任重道远。文化服务乡村振兴，文化服务现代农业发展是万里长征，现在只走完了第一步。从另一个角度说，文化服务对现代农业发展具有深刻意义，确实任重道远。在《父爱如兰》中，我了解到，文化服务四会兰花产业是通过做品牌、做营销、挖掘故事、进行形象包装，然后通过媒体传播出去，这都是非常好、非常重要的手段。

但我觉得这只是初步，文化范围很宽泛，农业范围也宽泛，乡村振兴范围更宽泛，它们可以碰撞出更多更精彩的火花。以后在文化服务现代农业产业和乡村振兴当中，我认为不单单可以做包括品牌的塑造，包括乡土文化的挖掘，还可以结合传媒的文化、生态的文化，还包括地方的消费文化等等，将其整合起来。

从四会兰花的农业文化挖掘中可以一探，广东乡村振兴文化服务产业已经走在了全国前列。文化服务对农业品牌建设可以有质的提升、形象的提升，它的作用在园区之外、产业之外，它能将农业宣传扩宽至更大的社会面，对现代农业发展具有深刻意义。

（作者为广东省农业科学院研究员）

为兰花找魂，为产业赋能
——农业产业高质量发展的广东新样本

娄向鹏

品牌，起源于农业，许多人不知道，品牌“brand”一词的源头是古挪威语“brandr”，意为烙印，在牲畜身上打上烙印，用以区分产品的归属。

无论是美国西部牲畜身上的印记，还是欧洲地窖里酒桶上的标志，抑或是我国良渚时期陶罐底部的符号，都说明品牌萌芽于农业。

现代意义的品牌，除了我们看得见的名称、logo、吉祥物、口令等，还有让用户感知的价值、个性和共鸣等，外在反映内在，形式和内容完美统一，这才是名副其实的品牌。

许多人的品牌观念其实一直停留在种养思维、产品思维和广告设计思维上，品牌如行尸走肉，没有灵魂，没有和消费者产生关联，没有形成独特的品牌价值。

品牌的本质是“塑魂”，魂立则心动。品牌灵魂是直击人性的品牌态度和价值主张，是消费动因，是价值差异，是资产沉淀。

什么是品牌灵魂？品牌灵魂是基于消费集体意识洞察，是直击消费者的强大心智共鸣和消费动因，是决定品牌现实与未来的竞争原力。

提起农夫山泉，消费者会想到“大自然的搬运工”和“天然水”；提起荔浦砂糖橘，大家会想到“过年甜蜜蜜”的“春节味儿”；提起枸杞，自然联想到“贵在道地”的“宁夏枸杞”……这样的品牌是活生生的、有价值的，是有灵魂的品牌。

现在提起广东四会兰花，我们也会联想到“父爱”。其实兰花对于大家来说并不陌生，特别是在南方地区，逢年过节逛花街，蝴蝶兰、杂交兰等兰花品种备受青睐，但在节日之外，兰花市场一直不温不火。今年，广东四会创造性地把兰花与父亲节消费结合起来，巧妙提炼“父爱如兰”“父亲节就用兰花表达爱”的品牌理念，掀起父亲节消费新热潮，推动四会兰花迅速走红，实现“淡季热销”，驱动兰花产业高质量发展。

康乃馨是母亲节的象征，而父亲节送什么，向来没有统一答案，近年母亲节带热鲜花市场，而父亲节消费市场仍有空白。兰花素有“花中君子”的美誉，具有秉性刚强、祥和可亲的气质，恰与伟大深沉的父爱相契合。广东四会敏锐洞察机遇，精准把握节日消费需求，找准了四会兰花品牌的“魂”，通过“父爱如兰”这句品牌口号巧借大家都熟悉的父亲形象和心中都有的“公共认知”，把四会兰花品牌灵魂恰如其分地表达了出来，与消费者快速产生共鸣、达成共识。而在这背后，相关创新理念也为兰花产业找到了新蓝海。可以说，这是一个伟大的创意。

创意的本质不是创造异端，而是达成共识。帮助一个品牌、一款产品与顾客，达成价值上的共识、精神上的共鸣，这是创意的根本目的。

当我们为一个农产品品牌做创意时，如果只想着标新立异，不去思考怎样与顾客达成共识，那么做的很可能是没有认同度和销售力的创意。这是为什么呢？因为顾客的思维是存在“信息排异”的。从消费行为学出发，只有与顾客相关、熟悉、一致的创意，才会被他们关注、记忆、回忆和认同。只有勇敢地与消费者达成共识，产生共鸣，才能在“大同的世界里，创造大不同”！

乡村振兴是“三农”工作的总抓手。乡村振兴的抓手在哪里？是产业兴旺。产业兴旺是乡村振兴的基础和源泉，没有产业兴旺，就没有真正可持续的乡村振兴。产业兴旺从何抓起，其标志是什么？是品牌。产业高质量发展必须以品牌经济贯穿和引领。

没有品牌，农产品就无法将产业优势转换成市场价值；没有品牌，消费者面对优质产品也不识。所以，品牌是带动整合乡村产业发展的根本抓手，是让绿水青山成为金山银山的金钥匙。

近年来，广东省农业农村部门通过解放思想、开拓创新，破除农业“重生产、轻市场”传统发展模式，探索出一套可复制、可推广的农产品“12221”市场体系，走出一条有效市场和有为政府有机结合的产业兴旺之路。

2022年，广东四会在“12221”市场体系建设支撑下，以四会兰花为龙头产业，以“父爱如兰”为四会兰花品牌灵魂，成功创造了一个品牌节日，并通过全方位的品牌传播，推动产业要素高效聚合，实现农民增产增收和产业高质量发展，成为广东农业品牌建设的一个新样本。

在此之前，广东最具文化营销力的农产品荔枝也成功与“520”这个甜蜜的日子深度捆绑，创造出“520我爱荔”。随着“12221”模式从一地到多地、从一品到多品快速推开，成为带动广东省优势特色农业发展的引领性工作，徐闻菠萝成为“网红果”，广东荔枝畅销全球，梅州柚成为“金柚”，澄海狮头鹅、惠来鲍鱼等特色农产品品牌红了，各地农民富了，农民兄弟心中乐开了花。这些与四会兰花一起，共同构成广东农业“为品牌找魂、为产业赋能”的发展新篇章。

而“12221”市场体系建设作为其背后的重要机制和组织支撑，为品牌强农、产业兴旺和全面推进乡村振兴提供了新思维和新路径，是农业领域一次重要的理论与实践创新。

（作者为福来战略品牌咨询机构董事长，中国人民大学品牌农业课题组组长、首席专家，神农岛智库及神农论坛发起人）

自传播与农业品牌生产力

陈 东

党的十八大以来，习近平总书记高度重视品牌工作，要求“推动中国产品向中国品牌转变”“实现技术自立自强，做强做大民族品牌”，为我国品牌发展指明了方向。

今天，我就“品牌文化促进农产品价值跃升，让品牌文化成为强大生产力”向大家交流请教。

一、对品牌的认知

品牌不只是一种符号，不是简单贴个商标，而是对消费者的保障和承诺，是产品价值的综合体现。

对于消费者来说，品牌是产品质量、价值认知的鲜活标识。

对生产者来说，品牌是产品质量保证与价值实现的目标追求。

二、政府在农业品牌中的担当作为

农业品牌的地域属性强，区域品牌体现的是公共价值。

我国农业生产经营主体大多是千家万户的小农户，这是我国的基本国情。例如，广东荔枝种植户有180万户，徐闻菠萝种植户有15万。面对如此庞大而分散的品牌受益生产主体，培育农业品牌是农民增收致富、乡村振兴的有效载体，是党委政府不可推卸的职责，是我们党“执政为民”的根本要求。

三、农业品牌建设的实现路径

一是内涵强化。质量是基础，功能作用是关键，生产者必须确保产品的质量与效用。这是品牌的基础。

二是外延拓展。文化至关重要，有灵魂、有故事、可流传，才能让边界更长、关联度更广、与更多人有关系。路易威登的更大价值在于包包之外，在于其所体现出来的欧洲文艺复兴运动的文化沉淀、品位体现及荣耀展示。人们品尝徐闻菠萝，一旦能感受亚热带的风情风味，感受大陆最南端的乡情乡愁，感受甜蜜鲜美的亲情爱意，菠萝就实现了“内涵价值+外延价值”，甚至外延价值更有着无限增值空间。

提起车厘子，人们联想到智利的风韵；提起鹅肝，人们想起法国的浪漫；我们很自豪的是，“菠萝的海”让人们知道了甜蜜滔滔不绝的小城徐闻。

三是广泛深远持久传播。对已形成的内涵、外延价值要实现有效的传播。以传播实现广大消费者对品牌的触达、信任、喜爱，最终形成消费欲望、消费记忆。比如，以“贡柑妹妹”陈慧为代表的新农人，就通过“认养”等情感营销将德庆的贡柑产业推向新高度。

四是自传播。人手一台智能手机的移动互联时代，为自传播实现了便利。消费者自觉再传播，才是最成功的传播。品牌建设过程中，对品牌自传播的设计规划尤为重要。徐闻菠萝、广东荔枝、四会兰花的热销，就离不开这种自传播。自传播也是最难的传播，因为需要对社会趋势、公众心态和舆论场有着精准把握。

如今的舆论场上，声量最大的是年轻人。不了解年轻人、抗拒与年轻人同行，就走不进新时代，就必然“老龄化”。我们现在正在努力和年轻人交朋友，让农产品也能成为“潮玩”，让年轻人把广东农产品“玩”出圈，“玩”出火，“玩”出更大的价值。

五是牵引产业高质量发展，实现品牌价值升级迭代。市场认同品牌，进而实现品牌溢价。确保品牌产品质量，向头部产品看齐，谋求品牌价值，生产领域高标准生产的内生动力必然增强，生产从而得以高质量发展，而品牌得以不断迭代升级。

四、广东农产品品牌建设的探索实践

事非经过不知难。2018年，徐闻菠萝的田头收购价是0.25元/斤，2019年是1元/斤，2020年是1.2元/斤，2021年达到1.5元/斤，徐闻菠萝种植户增收15亿。在新冠肺炎疫情压力导致消费乏力的背景下，共有近5万农民、14.5万产业链从业人员受惠，徐闻菠萝成为风雨中一道美丽的彩虹。这其中，品牌建设的作用功不可没。

相关数据显示，四年来，徐闻菠萝媒体报道有1700多篇，网络热搜量高达16亿次，全网总曝光超25亿次，一跃成为霸榜热搜的“顶流”水果。通过短视频、直播、话题互动、IP打造等创意形式，宣传“菠萝的海”“菠萝妹妹”、卖菠萝的红霞书记及善良勤奋徐闻人民、碧海银沙红土地、“南极村与北极村”结对等一系列鲜活品牌标识，让徐闻菠萝的边界更长，关联度更广，传播面更广，自传播更积极，记忆力更深刻，从而实现了品牌价值的最大化。在此过程中，相关从业人员的自豪感、参与度大大增强，农民素养得到全面提升。

受近年疫情影响，兰花销售很不理想。然而，四会依托6月19日父亲节，巧妙提炼出“父爱如兰”的品牌理念，打造四会兰花超级IP，硬是将夏季的兰花营销淡季变成热销旺季。

广东荔枝启动“喊全球吃荔枝”的国际品牌建设，今年全省多地荔枝出口世界各地，茂名荔枝出口增长121%。

惠来鲍鱼、化州橘红、罗非烤鱼、德庆贡柑、乐昌柰李……一个个品牌红了，一地地农民富了，农民兄弟心中乐开了花。

五、广东农业品牌建设的重点工作

有研究显示，品牌价值每增加1%，会给生产总值带来0.13%的提升。接下来，我们要以产业、市场、科技、文化“四张牌”为统揽，以“12221”为抓手，以广东省乡村振兴文化服务产业园为依托，重点抓好以下工作：

一是创建广东农业品牌研究院，炼就农业品牌“超强大脑”。

二是组织广东农产品品牌人才培训。让更多的农民成为会种、会卖、会品牌的“三会”新农民。

三是举办中国农业品牌（广东）邀请大赛，打造农业品牌的“奥斯卡”。

四是总结推广品牌，建设亿元村、十亿元镇、百亿元产业等可复制和可推广的模式，力争让“灯塔式”品牌示范成为普遍性工作，实现普惠性成果。

五是在建设提升公共品牌影响力的同时，大力支持如农垦“红土金菠”、中荔“荔枝花旦”等农业企业品牌建设，努力在每一个主导产业，都培育一个以上企业品牌，以资示范引领，打造品牌建设的2.0版本，推动广东农业向高质量发展转型升级。

品牌建设是一件需要绞脑筋、下苦功的事业，投入不少，回报却需要过程。但是，做难而正确的事情非常有意义。

广东农业品牌建设，今天刚刚迈开万里长征第一步。希望在大家支持帮助下，广东农业品牌建设再起步、再出发。

［本文根据广东省农业农村厅副厅长陈东（正厅职）在“广东省乡村振兴文化服务产业园现象价值研讨会暨2022广东乡村振兴服务中心年会”上的发言整理］

“神仙组合”三人谈：“父爱如兰”背后未尽之言

午后，阳光不燥，微风正好。这是金秋十月，四会兰花“12221”市场体系建设的复盘与新一季工作无缝对接，兰花书记唐莹、农业干部梁超文、媒体人李金玺，三位因“父爱如兰”结缘的“神仙组合”，坐在一起进行了一场深入交流。

农业干部与“网红”

话题背景：

基层干部大胆触网，搞直播带货，或利用短视频平台打造当地文旅IP，构建与群众沟通交流新渠道，他们被称“网红官员”。从公开报道看，目前“出圈”干部主要有两大类，一类是文旅局的官员，一类是政府县长、副县长，“出圈”方式多与直播带货及推介旅游相关。其中关于本职，关于边界，依然受到关注。

因助农成为网红干部，是另一种使命的开始

唐莹：刚做完本季“父爱如兰”推广，我的工作岗位就变动了，肩上的责任也更重了，我觉得这是另一种使命的开始。我依然会想做更多事情，去延续四会兰花的热度，带动更多农产品热卖，“父爱如兰”是一个开始。

现在我正在筹建“小肇上菜”主题体验馆，在大湾区打造“小肇上菜”沉浸式快闪餐馆，以“八城寻八味”为主题推出“肇庆一桌菜”；我会继续在融媒体栏目《书记寻味——最是家乡味》里出镜。接下来，我仍会继续去记录这些工作历程和发生的变化。

梁超文：写这本日记，对我来说是一次锻炼，从文笔到思想层面，都有一定的提升。我会发现偶然中有很多必然性，而这本书的意义也在于将这些必然性提炼出来。

网红官员需保持“人间清醒”，能效比流量更重要

梁超文：网红官员面对镜头是需要勇气的，大多是结合自身工作，比如扶贫工作，扶农助农。虽然说直播带货不是必修课，但在互联网时代，善于使用新媒体、应对网络舆论，应该是领导干部的必修课。

唐莹：成为网红官员最重要的一点是要有边界感和定力，要始终保持着助农的本质和初心。网红只是表象，我希望的是让流量成为存量和增量，我更关注的是这样做能不能帮花农把兰花卖出好价钱，能不能促进地方经济发展，能不能让消费者快速认识并喜欢我所代言的城市。我对自己的定位是一个分管农业、为农民解忧的干部，所以我义不容辞去做这件事，农民好了我就好。

李金玺：官员功能角色的转变，改变了人们对官员的刻板印象，拉近了其与普通网友的距离，带来了明显的新奇感，提升了传播效率。从媒体的角度来看，官员本身就有关注度。此外，年轻化、媒介素养高的官员，有自身的优势。我认为官员借由网红身份“出圈”，重要的不是吸引多少流量，而是给本地工作提供多少能效。这是网红官员的初心，需要保持这份“人间清醒”。

我们不是一个人在战斗，而是一个团队在战斗

唐莹：当时在做四会兰花营销时，我从金玺的工作作风中看出南方农村报的作风，有条不紊，扎实沉稳，对广东农业的实际情况非常了解，与地市的沟通也很亲密无间。这是我非常认可的点，因为我们不是

一个人在战斗，而是一个团队在战斗，合作的力量才能使我们成功。

梁超文：唐书记是一个工作很拼，行动力很强的干部。金玺是不会说漂亮话，但会把事情做得很漂亮的人。

李金玺：四会兰花营销之所以成功，离不开上级领导和唐莹副书记用心用情去推动。一是负责领导有胆识，目标感强，不达目标不罢休。二是思路年轻化，眼界开阔，思维活跃，可以随时吸纳建议并推动落地。

神来之笔与“急就章”

话题背景：

好的创意往往来自一个瞬间，很多品牌都想贴上“网红”标签，引爆市场。但消费品市场更新迭代比较快，从前的网红品牌没过几年就已经销声匿迹，生得轰轰烈烈却死得悄无声息；助农行动也有很多“急就章”，常见的有临时发起呼吁的“爱心购买”，但是为爱心而出手，往往意味着“一次性消费”……

网红品牌的打造其实也需要经过沉淀与积累。在一个品牌制胜的时代，如何从“流量为本”回归到“品牌为本”，从而摆脱宿命？如何构建亲密的品牌关系，进而获得持久竞争力？这是农产品营销中无法绕开的话题。

农业品牌的系统打造和营销，对于助农更具有“复制性”

梁超文：以前我们卖菠萝卖荔枝，卖点是好吃，属于马斯洛五大需求中最基础的生理需求。而我们卖四会兰花，通过兰花传递父爱的内涵，满足的是消费者精神层次的需求。我们抓住这种情感需求、文化需求，一下子将人们隐藏在内心深处的情愫调动了起来。

唐莹：“父爱如兰”这个点子别人没有做过，是稀缺的。母亲节有康乃馨、情人节有玫瑰花，父亲节却没有任何代言的花。父爱与兰花的秉性相吻合，让我很有信心去做。当时最大的担忧并不是担心推不成，而是怕卖不好。我们提前预设好可能会出现的困难，并想好解决方法。凡事预则立，后来一切都很顺畅。

李金玺：政府的主动性很关键，这次四会兰花做得比较出彩靠的是“主动”，“主动”是产生工作成效的最大推动力。从产品的角度来看，现在很多农产品都有自己的特性或文化价值可挖掘产生营销创意，因此，“四会兰花”案例是具有可复制性的。把四会兰花的文化内涵结合父亲节营销，也是市场思维的一个生动体现。在广东农产品“12221”市场体系的指导下，各地政府及农业部门积极联合有实力的企业，充分挖掘本地区的特色农产品的内涵，广开思路，打破常规，寻找现代人内心深处的需求，这才是超越产品本身，更高层次更有前景的品牌思路。

扩大年轻人“朋友圈”，农产品更需跨界创新力

梁超文：“剧本控”是这次营销中一个非常好的创意点，这是以往农产品营销中没有做过的，跨界出圈给广东农产品营销开了一个很好的头。

李金玺：我认为《父爱如兰》“剧本控”有三方面的价值，一是“剧本控”贴近年轻消费群体，是当代年轻人热爱的线下娱乐形式；二是“剧本控”的传播穿透力很强，对于农业营销来说，它具备营销的可延续性；三是市场化的机遇，市场流行什么，里面就蕴藏着相应的机遇，于是便有了《父爱如兰》与元宇宙结合的“剧本控”。

跨界、出圈与“自信”

话题背景：

“父爱如兰”打造成功，是因为“自信”二字，这是广东农业圈里出现频率最高的词。农业大步向前，无疑需要构建自己的“自信体系”。那么，自信从何而来？

农业构建“自信体系”：新理念新实践新农人

唐莹：四会的自信来源于这座城市的文化底蕴和党委政府的重视，一直以来，四会的农业和工业并驾齐驱，四会做农业很潮，养鱼不养一般的鱼，养鳄鱼；种花不种一般的花，种兰花；种水果不种一般的水

果，种日本香印青提和释迦果。

梁超文：我们农业人的自信首先来源于国家乡村振兴战略，全社会对农业的重视和关注。越来越多的青年跨界来到农村成为“新农人”。新农人是农民的新群体，带来农业的新业态、农村的新细胞。一个只有老弱妇孺的农村是暮气沉沉的，新农人无疑成为农村的希望，也是农业获得自信的关键力量。

随着近年乡村游越来越热，市民与农民拉近了距离。现在越来越多的“95后”“00后”，对农业农村的感知力和兴趣更浓了，农村承载乡愁乡情，同时拥有更为广阔的未来，打破城乡之间的壁垒成为可能。

李金玺：以这次兰花营销来说，农业人所讲的“自信”，是一种踏实的感觉，一种发自内心的自豪。

我觉得广东农产品“12221”市场体系建设最大的特点在于开放性。首先，开放性体现在眼界开阔，具有前瞻性视野。敢于追逐最新最前沿的趋势，农业数字化、品牌化、食品化、国际化。第二，开放性体现在跨界汇聚无数资源，构建平台，让市场工作效能最大化。第三，开放性引领传统农业实现“破圈”，它以一套新的打法打破市场壁垒、城乡壁垒，传统农业迈上现代化、主流化之路，带来了全行业的自信。大家发觉：原来农业也可以这样！自信也是对工作思路的认同，对工作成效的认可。

共情与“去标签化”

话题背景：

传播如何引起大众共情？父爱如山亦如兰，自然是巍峨深沉，默而无言，但也有网友说：“别人家是父爱如山，我们家是父爱如山体滑坡。”调侃之言，足见真实。人们与家乡的关系，也颇为微妙。爱农村，又难以接受其诸多不便，兰花与父爱的表达，并不指向单一，人性有千百种面目，或许在某一天，才能理解，才能懂得。体察人性，洞烛幽微，或能找到与他人共情的甬道。文化的魅力，正在于此。

讲好农业农村故事，可发掘出无限可能

梁超文：与20世纪六七十年代不一样，以前城乡之间是割裂的，而现在已经没有了那么多的界限。城市是我们生活的地方，而乡村是我们的一个乐土。对于农业农村工作者来说，把本职工作做好，需要有乡土情怀，能用这份情怀感染别人，就说明我们的工作做好了。

唐莹：在工作中，我很注重和年轻人一起，用创新的手法去做农村工作，肇庆很多新农人具备无限潜力，他们必将带来农村的新气象，是最有创新的源动力。

李金玺：在许多大热的剧目中，我再次看到了中国十亿农民身上的特质。现在，大家都在一二线城市高强度快节奏地工作，而农村农民身上这些质朴、真实、接地气的特质反而更容易“出圈”。作为媒体人，我会思考农产品作为一种传播的载体，怎么去和乡村特质相结合，才能容易被更多人看见。现在的消费者看惯了高楼大厦，再看乡村也是另一种美。美是多元化的，农产品的推广更是多元化。

如果再来一次会如何?

唐莹：一是做好出口工作，二是抓好电商营销。

梁超文：搭乘RCEP东风，抓好出口。

李金玺：我有三点体会。一是提高产品力，把产品与当下年轻潮流相结合，使其更容易被市场消费主力——年轻群体接受和喜欢。二是对接好渠道，让渠道商更早参与进来，与电商深度结合。三是与当地企业深度融合，带动更多当地企业和农户。

“三人谈”结束的时候，夜幕已经降临。桌上的四会兰花，含青滴翠。从会议室窗口望向对面的珠江新城，华灯闪耀。两个月之后的春节，又将迎来兰花的开放期。

后 记

严 亮

《父爱如兰》一书是两名“三农”女干部的日记合集，也是目前国内少有的流量和能效俱全、经历与经验集中展现的解剖式读物。

本书以日记这一平实的文体，记录了省市联动推动四会兰花品牌出圈，促进产业兴旺，带领花农致富的故事。本书以四会兰花“12221”市场体系建设的重要事件为节点，日记既是作者面对自己内心的独白，也是一种情绪与智性的出口，面对产业的痛点和难点，工作中遇到的纠结与困惑，多方合力助农的担当与情怀，读来愈发可亲可感，在乡村振兴工作者中具有广泛的价值性和代表性。

唐莹的日记手本密密麻麻，字迹娟秀，思路清晰，其工作之余的“笔耕”成果，令人敬佩之感油然而生。如果说“网红官员”的形象是光鲜的“面子”，那么，打造“中国父兰之乡”的能效才是真正的“里子”。“80后”官员唐莹是“父爱如兰”的主要操盘手之一，也是最佳代言人。靓丽的外表和务实干练的作风，令“兰花书记”不仅赢得了流量，还让网民很快认识并喜欢其所代言的“中国父兰之乡”。

本案例被称为文化赋能农业品牌的“拍案惊奇”，本书的编著团队有如“三剑客”组合，唐莹是产区代表，梁超文是省农业农村部门的干

部，李金玺是广东省乡村振兴文化服务产业园的项目策划人。以他们为代表的几种角色各有擅长，相互支撑，堪称完美搭档。上下一盘棋，“父爱如兰”的“出圈”与其说是作者情怀与能力所成就，不如说是广东特色农业品牌打造的一套机制、一种模式。

继《市场力》之后，本书也是广东农产品“12221”市场体系建设理论与实践系列图书。《父爱如兰》花开两朵，各表一支。其一，深入剖析农业品牌策略和营销打法，深刻反思、全面复盘最终成果，多个切面观察区域公用品牌建设经验。其二，展现一批接地气、有情怀、能干事的新农人形象，体现创新担当、为民办实事的主政官员形象，将广东的好故事、好声音、好形象，多角度、立体式呈现在公众面前。

我谨代表《父爱如兰》一书编辑委员会向奋战在乡村振兴第一线的同志们致敬，特别感谢为本书作出精彩评述、对广东实践进行理论总结的方家。本书中受访者、发言嘉宾及作者均为时任职务，在此特别说明，对本书编辑过程提供帮助的朋友们一并致谢。

（作者为南方报业传媒集团编委，南方农村报社党委书记、主编）